Van Angst *Naar* Liefde

B.Bryan Post

VERTAALD DOOR: S.G.A. HUBERS

WAT MEN ZEGTOVER

From Fear to Love

From Fear To Love is a remarkably compelling, practical, and much- needed book that should be read by all adoptive families. It goes to the core challenges faced by adopted children and offers parents the tools through a love-based approach to implement sustainable solutions. As an adoptee, *From Fear To Love* gives me and I believe other adoptees the permission to name the fear and loss of our past and the encouragement and guidance to move to a place within ourselves where we can begin to thrive. Thank you Bryan for this invaluable and generous gift!

– Rhonda M. Roorda, Adoptee and Coauthor of the Landmark Trilogy on Transracial Adoption - *In Their Own Voices, In Their Parents' Voices,* and *In Their Siblings' Voices*

It was very helpful in understanding my adopted daughter's mind and how the state of fear causes negative behaviors. I realize that by giving her the attention that she so desperately needs, (holding her hand, playing games, smiling at her), she is a much calmer child. Simple stuff really. What struck me is that God did not place her in our lives to mold her the way we think she should be, but rather to protect, guide and encourage her as God molds her into what God wants her to be! I will read this often to remind me what needs to be done in parenting an adopted child.

– Donna Strainick

This is a book I will recommended to anyone who has a child with severe behaviors. This is a book I wish I had when I met my son through foster care a few years ago. This book is such a powerful tool for all those parents who are struggling and do not know what to do. The book makes us understand why children react the way they do. This is the way to start the healing process. I really Love that book as it brings together all the elements a parent needs to know when parenting traumatized children. Bravo Post!

    – Fanny Magier Beverly Hills, CA

This is a life changing book that will give hope to so many families. It takes away so much of the guilt and profound sense of failure that seems to sadly be part of many families involved in adoption. For me, the sentence that jumps out is: "until a child reaches his or her late 20's there is still great opportunity for healing and change to occur". For adoptive families that is such a major contrast to the usual doom of childcare "experts" and gives us the knowledge, based on brain research, that we can continue to make a difference in overcoming past traumas.

Bryan tells us that "healing happens in the home" and "the biggest difference in a child's life is a well regulated parent". This book will givepeople confidence in themselves as parents and to trust their own loving instincts. In contrast to many child care manuals based on traditional beliefs, Bryan's paradigm is backed up by the latest research in neuroscience. It is a highly accessible book with key points highlighted allowing readers to dip back in to be reminded and reassured that you can indeed move to Love.

    – Jean Belton, UK

Dr. Post has successfully translated neuroscience into language that anyone can understand and apply to the very challenging task of parenting (raising) an adopted child. His insights are unique because he speaks from 3 perspectives – the child's, the parent's and the therapist's. What valuable insight for those of us in child "caring" work! *From Fear to Love* should be standard equipment that comes with every adopted child and should be kept on the nightstand of every adoptive home. It deserves to be read and re-read as encouragement and confirmation on the good days and as guidance and direction for the others. Congratulations Bryan on this valuable resource for anyone, including teachers, in the care of difficult children.

When they feel loved and safe the behaviors will diminish. Having this new understanding has helped my wife and I avoid being sucked into my daughters fear cycle as well as our own. We learned to not overreact and instead will Reflect, Relate, Regulate. Bryan's three R's have made a big difference when things start to unravel. What a simple concept and yet can have a huge impact on your relationship with your adoptive child. If you're an adoptive parent, choose to love and read this book.

> – Aletha McArthur,OCT, Teacher Specialist, Behaviour/Learning Disabilities, Founder of New Growth Family Centre Inc. Mount Forest, ON

When they feel loved and safe the behaviors will diminish. Having this new understanding has helped my wife and I avoid being sucked into my daughters fear cycle as well as our own. We learned to not overreact and instead will Reflect, Relate, Regulate. Bryan's three R's have made a big difference when things start to unravel. What a simple concept and yet

can have a huge impact on your relationship with your adoptive child. If you're an adoptive parent, choose to love and read this book. It's a life saver.
  – David Strainick, Palmyra, VA

I just read your new book. I currently supervise foster care and adoption and we are just starting to use love based parenting in training our resource parents. This book will be a great training tool for our families. It is easy to read and has so much information that is useful to families that we are trying to educate. I would highly recommend any foster or adoptive parent to read this book. I also like the articles for reference. I can't wait to use it with our parents. Your work helps us help our families help their children.
  – Patti Menow, Quakertown, PA

What great book! It's like all your lectures wrapped up in bright gift box! A thought provoking summary of all of your work to date. Nothing has been left out. It is easy and quick to read, with chapter summaries and highlights enabling the reader to return for jolts of inspiration. The truth that lies within revolutionizes the relationships between parents and children, building on the understanding of trauma and how it so deeply affects the human spirit. This book brings hope to the forefront, the one thing that stops us from quitting.
  – Marianne Ontario, Canada

Bryan Post has done what he speaks of - produced yet another book on the practical workings of love in profoundly chaotic homes. This love resonates within the entire family.
  He uses "the term entrainment" which comes from the field of music because it speaks to vibration patterns. The way we communicate is through

vibration. The vibrations in my family of origin and adoption by my stepdad were like constantly banging bass drums, always assaulting the senses. This book vibrates in my soul and rings "restoration is possible."

Bryan's focus on the imperative of parental engagement to the therapeutic process is essential for family growth and bonding. It moves the family from the child's behaviors to shared family responsibility to engage and grow with one another.

For those of us educated as therapists it requires a huge leap of faith to move from a cognitive "quick think-EBT model" to a more simplistic, peaceful and effective model of dealing with all the stuffed emotions of a lifetime, whether it is within the parent or the child. This model brings relief, restoration and renewal to families that have felt hopeless for far too long.

As foster parents for 20+ years, my husband and I are experiencing the economic constraints on child welfare agencies and mental health systems. We are seeing children that were once automatically placed in residential centers, children with overwhelming emotional needs, placed in or referred to our home on a regular basis. These children previously were placed in residential and group homes. Every single day, as we choose love through this model, we glean a truth about ourselves and the children we support which brings more and more freedom to them and to us. (Yes--old dogs can learn new tricks!) You often hear foster parents say, "we want to help the children!" To help them to grow in love, it is needed for us to grow in love, also.

Thank you, Bryan Post, for continuing to search for truths that lead to freedom as your act of love to so many in need of restoration.

– Michelle Husted, LPCC-S Minerva, OH

Fast yet powerful read! I could have used this info before I became a parent of an adopted child; however, I may not have fully understood it until I lived through it. Once again, Bryan has offered a book that can help parents and children heal from early relational traumas with focus on the relationship verses the behaviors.

When they feel loved and safe the behaviors will diminish. Having this new understanding has helped my wife and I avoid being sucked into my daughters fear cycle as well as our own. We learned to not overreact and instead will Reflect, Relate, Regulate. Bryan's three R's have made a big difference when things start to unravel. What a simple concept and yet can have a huge impact on your relationship with your adoptive child.

If you're an adoptive parent, choose to love and read this book. It's a life saver.

> – Holly Yingling, R.N. with focus on Neuroscience, mom to an adopted child with severe early traumas

Bryan Post's new book *From Fear to Love* is an exceptional resource for all parents, not just adoptive parents. The information in this book provides a framework for understanding how to parent children from a place of love instead of fear, how to recognize that when children exhibit negative behaviors they are communicating a need, and how parents can be the catalyst for change in the home. The book is easy to read and understand and Bryan has provided key points at the end of each chapter that can be used as a quick reference guide to help keep parents on track when facing a difficult situation with his or her child.

> – Kelly James, LPC Registered Play Therapist-Supervisor

Wow! I'm done. Read it twice. It was a blessing just to read it and it will change our lives. When I read, "Go claim your child's heart", I burst into tears. (And just did again) because I put my traumatized kids in public school for the first time to try and relieve some of the stress here at home. Things are not working out too well; I know I have to bring some of them back home to home school again.

I was stressed out because of all the behaviors our four adopted kids were displaying hourly and I ended up in the hospital. My thinking had become confused, distorted & my short term memory gone. My major fear was that they won't ever heal—I failed them. The traditional views of RAD kids, the Christian views of discipline, the over 7 years of different therapists, psychiatrists, parenting books & programs did not help. In fact, they probably hurt my kids more than I want to admit. Finally, here is something that makes sense. Let's try love! There is no excuse not to read this book if you want to help your kids (and yourself). It's very easy to read & practical. Our home is going to be where their healing happens.

– Vicki Oler Maxell, IA

I've read the book twice and am really excited about it! I love the conversational style that makes me feel like you are sitting the room having a very in-depth conversation with parents. Your approach is, as always, to connect directly with the parents and help them to see that there is hope for their child and their family and one can really feel that connection with you. There is so much information packed into that little book that you are right to suggest that parents read it through on first reading and perhaps at the second or third reading take the highlighter in hand. And if one doesn't want to re-read an entire chapter, just reviewing the "Key

Points" will help refresh the memory and one will know whether they need to read that particular chapter yet again. I already have several families in mind for which it will definitely be a "must read".

– Elaine Spicer Gary, IN

–

This a much needed lifeline for parents who are struggling with the children who have become theirs to parent. Bryan Post takes parents on a step-by-step journey to transforming their relationship with their adopted children: a healing path, not only for the children but for the parents as well. Key to his model is that there are only two primary emotions that drive our actions: Fear and Love. Our children sometimes get caught in between two modes -- surviving or thriving-- and often the survival mode comes out as anger and aggression. Bryan challenges parents to come from a place of love to help resolve fears so that our children can move beyond them. When they can move beyond fear, the behavior is also left behind. It sounds simplistic, and the reality can be challenging for parents who have been raised to believe that parents need to control children or they will control you. This is a shift in thinking about parenting that can really make a difference in the peace and happiness within your own home. *From Fear to Love*, Parenting Difficult Adopted Children gives you the concrete tools and ideas to get you started.

– Carrie Kitze, author, publisher, adoptive parent,

Several years ago I met Bryan Post when I attended his training for the first time. From that moment on, my foster parent training took a drastic turn – away from the traditional approach and towards the Stress ModelTM. As a result, our foster home disruptions have decreased dramatically. "*From Fear to Love*" is a clear blueprint for understanding traumatized children and helping them truly heal. I plan on providing a copy of this book to all of our foster families.

– Georgia Phillips, LCSW FTC Coordinator

When does having a Masters Degree in Education and 11-yrs of parenting suddenly become irrelevant? The minute you adopt a 13-yr-old from an Eastern European orphanage. Everything that you know to be true about raising children gets flipped upside down and you feel all out of sorts. Why? Because many of the children that are in the foster care system or orphanages from a far have significant trauma histories. These children can not be parented following the old paradigms we've all been taught. I needed help if I was going to love my new daughter through all of the pain that she has been through in her life and I found Bryan.

This short read talks about the Stress Model™ and how all our behaviors arise from a state of stress. That there are only two primary emotions, love and fear and that we as parents have to help our children get past that fear based state to a place where they can feel loved and safe.

Fear and Love is a small book packed with powerful parenting tools. Every line packs a punch! These tools, if practiced, can bring deep change for any family! The more difficult our family dynamics, the greater the motivation to make a change and this book inspires not only small changes, but complete transformation.

Parenting success lies in openness to learning and practicing new ways to love ourselves and our children, and the ideas in this book are the best tools I know of for doing this. I have healed, and my children are healing, from the impact of family rootlessness at least three generations long. This works!

– Wilma Ice, Richmond VA

Join the Post Institute Network and get connected

Andere werken van de auteur:

Boeken:

Beyond Consequences, Logic, and Control: A Love-Based Approach for Helping Children with Severe Behaviors (co-auteur van Heather Forbes)

For All Things a Season

From Fear to Love: Parenting Difficult Adopted Children Going Home: A Survival Toolkit for Parents (co-auteur van Sue Grantham)

Healing Adult Attachment Handbook Vol. 1

How to End Lying Now! (Gratis e-book; ook als audio CD opname)

How to Heal the Attachment Challengded, Angry and Defiant Child:

When Behavior Modification and Consequences Don't Work (werkboek)

Oxytocin Parenting: Womb Through the Terrible Twos (co-auteur van Susan Kuchinskas)

Parenting Softly: From Infant to Two

The Forever Child: A Tale of Fear and Anger (Co-auteur van Nancy Clark) The Forever Child: A Tale of Lies and Love (Co-auteur van Nancy Clark) The Forever Child: A Tale of Loss and Impossible Dreams (Co-auteur vanNancy Clark)

The Great Behavior Breakdown [red.: de geweldige gedragsafbraak]

DVDs, CDs & Online Courses:

Adoption Subsidy and the Law: What Every Parent Needs to Know (Audio CD opname)

Art of the Family-Centered Therapist: Fear and the Dance Between Therapist and Client (Audio CD opname)

Bryan Post's Adult Attachment Seminars (Audio CD opname)

Creating Healing for the Attachment Challenged Adult (CD/DVD)

Bryan Post for the Family Live Radio Show (11 CD audio opname)

Educating Children Today: Working with the Difficult Child in the Classroom (Audio CD)

Effective Strategies for Severe Behaviors in Adoptive and Foster Children (DVD)

Family Regulatory Therapy for the Attachment Challenged Adult, Child and Family (DVD)

Getting Started with Bryan Post: A Journey toward the Family-Centered Way for Parents (CD audio opname)

Healing Adult Attachment Disorder (CD audio opname)

Holiday Pease: How to Turn the Stressful Holidays Into Peaceful Family Time (e-Book en audio opname)

How to End Lying, Stealing and Defiance in Children (DVD)

How to Heal the Attachment Challenged, Angry and Defiant Child: When Behavior Modification and Consequences Don't Work (CD/DVD)

How to Heal the Attachment Challenged, Angry and Defiant Child: When Behavior Modification and Consequences Don't Work (Online cursus)

IEP's and the Law: What Every Parent Needs to Know. (CD audio opname)

International Adoption Course Ages Birth to Five (12 CD audio opname) Parenting Attachment Challenged Children "Hands-On" Home Study

Course - The complete learning opportunity for parents & professionals

Stress, Love & Your Baby's Developing Brain: Understanding How Your Parenting Approach Influences Your Baby's Brain Development From Prenatal to Two (DVD)

Stress, Trauma, and the Secret Life of Your Child (CD audio opname) The Great Behavior Breakdown [red.: de geweldige gedragsafbraak] (13CD audio opname)

Understanding & Meeting the 9 Most Important Emotional Needs for Foster & Adopted Children (DVD)

Van

ANGST

Naar

LIEFDE

*Uw essentiële gids voor
adoptie en pleegkinderen*

B. Bryan Post

VERTAALD DOOR: S.G.A. HUBERS

FROM FEAR TO LOVE
Door B. Bryan Post
Gepubliceerd door Post Institute & Associates, LLC, Palmyra VA, USA
www.postinstitute.com
©2010 B. Bryan Post. All Rights Reserved.
Printed in the United States of America.
VAN ANGST NAAR LIEFDE
Door B. Bryan Post
Vertaald door S.G.A. Hubers
Gepubliceerd door Post Institute & Associates, LLC, Palmyra VA, USA
www.postinstitute.com ©2019 B. Bryan Post. All Rights Reserved.
Printed in the United States of America.
Illustraties door Mark Trotter, MTT Illustrations

Library of Congress Control Number: 2009941364
ISBN 13: 97809840801-2-0

Opgedragen aan mijn moeder, Opal Post, en wijlen mijn vader, Billie R. Post (1941-2004), omdat zij mij in huis namen en opgevoed hebben naar beste kunnen, ondanks hun gebrek

aan begrip voor mijn diepere emotionele behoeften. Zij compenseerden hun gebrek aan begrip door hun onvoorwaardelijke liefde, ondersteuning en aanmoediging van mij. Zij zijn de twee beste ouders die God mij ooit had kunnen geven.

Ik schreef dit boek voor alle adoptief ouders, waar dan ook.
Bijzondere dank gaat uit naar David Strainick voor het samenstellen van de begin citaten en het opsommen van de sleutelpunten van elk hoofdstuk.

Inhoudsopgave

VOORWOORD

Terwijl ik nadenk over mijn reis als het gelukkige, angstige vooruitzicht om eindelijk moeder te worden van een kind dat ik zo graag wilde, vraag ik me nu af "Had ik TOEN maar geweten wat ik NU weet!" Hoe anders zou mijn opvoedstijl zijn geweest! Ik had geen idee van de aankomende emotionele achtbaan van het adoptief ouderschap.

Ik herinner me hoe prachtig het was om mijn kind voor de eerste keer vast te houden. Mijn hart barste uit elkaar van trots. Mijn geliefde overleden man Bill en ik noemden onze zoon Bryan. Een jaar later, adopteerden we onze dochter Kristi. Hoewel we nu allemaal emotioneel verbonden zijn, was het een reis vol stress en emotionele pijn.

We hadden geen idee wat het inhield om kinderen met duidelijke emotionele behoeften op te voeden. Vele jaren, vele grote uitdagingen en slapeloze nachten later, kijk ik terug en kan ik mijzelf vergeven voor wat mijn man en ik niet wisten. We deden ons best, en ik ben er zeker van jij ook.

Tegenover alle pijnlijke herinneringen, zijn er vele geweldige, gevuld met gelach, trots en dankbaarheid. Ik houd heel veel van mijn kinderen, dat heb ik altijd gedaan.

Ik ben zo trots op mijn zoon. Ondanks alle helse heisa die hij als kind veroorzaakte, groeide hij uit tot een engel. Ik put troost uit de wetenschap dat wij veel dingen intuïtief goed deden. Een ding, dat hij mij al eerder vertelde en ik met u wil delen, is dat je nooit je kind mag opgeven- ongeacht wat er gebeurd, of waar je doorheen gaat. Zolang God ons lucht om te ademen geeft, is er hoop.

Neem deze woorden gevuld met wijsheid, begrip, passie en inzicht die mijn zoon je heeft gegeven en ga het hart van je kind opeisen.

Wees gezegend,

Opal Post

Moeder van Bryan Post en Kristi Post-Plew
Meme van Mikalah, Marley, *Zelijah, Katalina en Zeliah

*(*Zelijah, het oudste kind van mijn dochter Kristi, is nu mijn eadopteerdezoon, waardoor ik een van de vele grootouders ben die hun kleinkindopvoedt!Dat God in het bijzonder hen mag zegenen die hun kleinkinderen opvoeden.)*

INTRODUCTIE

"Het is je eigen angst die de
grootste worsteling zal
veroorzaken in je relatie met je
geadopteerde kind."

Dit dunne boek is overladen met eenvoudige concepten om je te helpen de relatie met je geadopteerde kind te hervormen. Als je net een kind geadopteerd hebt, zal dit boek je helpen om de beste ouder mogelijk te worden. Het tempo in dit boek ligt hoog. In korte tijd zullen we een enorme hoeveelheid informatie behandelen. Je zult het de eerste keer zo snel mogelijk van kaft tot kaft willen uitlezen; daarna wat rustiger, tijd makend om te arceren en onderstrepen; en nogmaals, wederom wat rustiger, om je eigen gedachten, situaties en concepten toe te voegen. Tot slot, lees het een vierde keer om er zeker van te zijn dat je de concepten echt begrijpt en gestaag dat baken van liefde en begrip wordt voor je kind.

De concepten in dit boek zijn onderdeel van een nieuw ouderschapsparadigma. Wat is een paradigma? Het is een patroon van waaruit je je leven vormgeeft en leeft. VanDale.nl definieert het als "de meningen en waarden die door de leden van een samenleving worden gedeeld". Onze opvattingen veranderen kan moeilijk zijn,

maar dat is recies wat er nodig is om goed voor moeilijke geadopteerde kinderen te zorgen.

Het oude paradigma geeft ons dat het moeilijke kind boos en controlerend is, maar deze opvatting is misleidend. De realiteit is dat dit kind gevangen zit in een staat van stress-en-angst, welke de lichaamseigen reactie op angst doet falen. De foetus, baby of het kind, is het product van een overmatig stressvolle omgeving of traumatische gebeurtenis, hetgeen angstigheid en stressgevoeligheid veroorzaakt. Die angst en stress leiden tot de gedragingen die jij ervaart met jouw geadopteerde kind.

Een kritiek concept dat je moet begrijpen als je probeert dit ouderschapsparadigma eigen te maken, of te versterken, is dat er slechts twee primaire emoties zijn: liefde en angst. Ons lichaam kent alleen deze twee primaire emoties. Dat wil zeggen, je lichaam-geest systeem kent alleen overleven of bloeien. Ontwikkelingsbioloog Bruce H. Lipton leert ons dat tijdens een periode van stress het cellulair system zich beperkt tot overleving. Essentieel hierin is begrijpen dat stress kan worden veroorzaakt vanuit elk van onze sensorische waarnem-ingen. Wat wij zien, horen, ruiken, voelen of proeven, en zelfs temperatuursveranderingen kunnen allemaal oorzaken zijn voor stress. Als ons lichaam-geest systeem zich beperkt tot overleving, verkeert elke cel in het lichaam in een staat van angst.

Volgens neurowetenschapper Joseph LeDoux, van de Universiteit van New York, veroorzaakt deze staat van stress verwarde en vervormde gedachten en onderdrukt ze het korte termijn geheugen. Daarom, als we gestressed zijn, kunnen we niet helder denken of recente gebeurtenissen herinneren. De implicaties van deze bevinding alleen al zijn enorm voor je kind, vooral als je kijkt naar het onderwijssysteem en hoe stressvol die ervaring zal zijn voor je geadopteerde kind. Eerlijk gezegd veroorzaakt angst de grootste strijd in de relatie met je kind. De belangrijkste manier om de relatie met je kind te verbeteren, is door hem of haar als angstig ("vol van angst") en stressgevoelig te beschouwen. Als je deze beschouwing meeneemt in alle interacties met je kind, verandert de dynamiek van je relatie.

Nu, ga door met lezen, want het nieuwe paradigma, en de nieuwe trucks, zijn lastig om aan te leren. Daarom zal ik, in de volgende secties, uiteenzetten waarom we onze manier van denken moeten aanpassen om die betere adoptief ouders te worden en onze kinderen en onszelf een kans op herstel te bieden.

Sleutelpunten:

In deze inleidende secite, hebben we een aantal zaken behandeld:

1. Als adoptieouders opereren we onder een oud paradigma en zeggen dat het moeilijke kind boos en controlerend is. Het nieuwe paradigma zegt dat moeilijk geadopteerde kinderen gevangen zitten in een staat van stress en angst.

2. Er zijn slechts twee primaire emoties: liefde en angst.

3. Als een adoptiekind gestressed is, wordt zijn of haar kortetermijngeheugen onderdrukt, en zijn of haar gedachten worden verward en vervormd.

4. Jouw eigen angst veroorzaakt de grootste strijd in de relatie met je geadopteerde kind.

Hoofdstuk 1

Liefde en Angst Begrijpen

"Om werkelijk vanuit
liefde op te voeden, is er
een enorme hoeveelheid
tijd, energie, concentratie
en achtzaamheid"

Een emotie is energie in beweging. Hiervoor
bestaan slechts twee staten: bloeien en overleven. Een
'gevoel' daarentegen, is de cognitieve opvatting van
een emotionele staat. Dit betekend dat je brein haar
opvatting over de energie beweging vertaalt naar een
gevoel. Je brein pakt dus je emotie van liefde of angst
en vertaalt dit naar 'ik voel me blij', 'ik voel me
boos', 'ik voel jaloezie', en ga zo maar door. Veel
mensen hebben moeite dit te bevatten, we hebben
immers de neiging om te geloven dat boosheid een
primaire emotie is. Boosheid ontstaat echter vanuit
angst. Haat komt voort uit angst. Jaloezie komt voort
uit angst. Neem even de tijd om dit op je in te laten
werken.

Laten we nu eens vluchtig naar liefde kijken.
Hoewel liefde een heel boek waard is, is het onmogelijk

om liefde te definiëren. Maar ik ga mijn best doen om een kader neer te zetten voor dit krachtige ingrediënt van genezing.

Liefde bestaat. Het is de ruimte om ons heen. De bijbel zegt dat liefde en angst niet gelijktijdig kunnen bestaan. Waar de een is, is de ander niet. De verwarring omtrent liefde ligt in de traditionele leer en opvoeding die hierop "gebaseerd" zijn. De meesten onder ons hebben geleerd dat liefde iets is dat je een ander aandoet omdat je van diegene houd. Zoals Pa zou zeggen, "ik geef je dit pak slaag, omdat ik van je hou en wil dat je je lesje leert." Of "ik stuur je zonder eten naar bed, omdat je manieren en respect moet leren. Als ik niet van je hield, kon het me niet schelen." Deze boodschappen konden niet verder van de waarheid over liefde, en wat dat werkelijk is, staan. Liefde is niet iets dat je iemand aandoet; het is iets dat je voor iemand doet.

Wij hebben geleerd dat liefde slaag, schreeuwen, overheersing, dwang, kracht, straf en veel meer bevat, maar deze handelingen zijn slechts als liefde gemaskeerde angst. De reden dat wij zoveel worstelen met liefde en "verliefd zijn", is dat we zelden weten wat het nou is. Liefde is begrip, flexibiliteit, acceptatie, tolerantie, geduld en trouw. Liefde kent vreugde en pijn, zorgen en bezorgdheid, maar die staten houden niet aan als we in liefde leven. In plaats daarvan zijn ze vluchtig.

Liefde bestaat. Als we verliefd worden op iemand, is dat prachtig en alles-omvattend, maar dan, wat gebeurt er? We proberen het te pakken en beheersen. We proberen deze persoon helemaal van ons te maken, omdat we geloven dat hij of zij een goed gevoel in ons losmaakt. Maar de handeling om te proberen liefde vast te houden,

om het van ons te maken en te vangen, schuift ons in de angst. Vanuit die plek blijven wij verlies van liefde ervaren, en verliezen wij liefde.

Om werkelijk vanuit liefde op te voeden, moet je enorme hoeveelheden tijd, energie, concentratie en opmerkzaamheid investeren, tot je jezelf hervormd hebt om meer in deze staat te leven. Als je uiteindelijk in staat ben om van angst naar liefde te schuiven, zullen je opvoed handelingen en de manier waarop je je met je geadopteerde kind bindt veel meer rust kennen. Je relatie zal veel soepeler worden en je vertrouwen en geloof zullen groeien met sprongen en grenzen.

God bracht je adoptiekind niet in je leven om hem te vormen tot wie jij denkt dat hij zou moeten zijn, maar juist om hem te beschermen, begeleiden en aan te moedigen, als God hem vormt to hoe Hij denkt dat je adoptiekind moet zijn. Je doel is om je toenemend bewust te worden van je eigen angst, zodat je je erdoor kunt zuchten, het kunt begrijpen en het kunt verwerken. Dit levert jou de kans op om in de liefde te stappen, van waaruit jij wilt opvoeden. Vanuit je eigen angst kun je ook beter de angst van je kind zien. Als je het gedrag van je kind kunt zien als gedragingen ontsproten aan stress en angst, in plaats van beheersing en moedwillige ongehoorzaamheid, zal er een natuurlijke liefdesrevolutie ontstaan binnen jullie relatie. Je zult van het oude naar het nieuwe verschuiven. Laten we nu eens kijken hoe stress en angst werken in het leven van je geadopteerde kind.

Sleutelpunten:

In dit gedeelte hebben we het gehad over liefde en angst en waarom deze twee emoties bepalend zijn voor hoe we onze kinderen opvoeden:

1. Boosheid is afkomstig van angst.

2. Liefde is niet iets dat je iemand *aandoet*; het is iets dat *voor* iemand doet.

3. Je doel is om toenemend bewust te worden van je eigen angst.

Notities:

Hoofdstuk 2

WAT HEEFT STRESS ERMEE TE MAKEN?

"Kinderen die een trauma hebben opgelopen zullen een significant andere reactie op stress hebben dan kinderen die dat niet hebben gedaan"

We horen allemaal regelmatig over stress, en we weten meer over stress dan ooit. In de jaren 90, nu herkend als het Decennium van het Brein, maakte het veld van de neurologie een sprong voorwaard, omdat het zo verbonden was met geestelijk welzijn, psychologie en psychiatrie. Dankzij baanbrekende werken van Bruce Perry, Joseph LeDoux, Daniel Goleman, Daniel Siegel, en vele anderen, begonnen we uit de eerste hand de werkelijke impact van stress en trauma op de zich ontwikkelende hersenen te zien. Maar welke rol speelt stress in de opvoeding van onze geadopteerde kinderen? Stress ligt in de basis van deze relaties, vooral als het kind moeilijk is.

Het eerste wat we over stress moeten begrijpen, is dat het onvermijdelijk is. Het tweede is dat stress noodzakelijk is in onze levens. Dat klopt! We kunnen stress niet vermijden, omdat het ons gezond houdt. Lachen veroorzaakt een staat van stress. Hans Selye, de vader van stress, zegt: "Stress is het kruid van het leven", omdat we, zonder in enige mate stress te ervaren, niet zouden kunnen bestaan. We zouden als soort niet kunnen bloeien. Bruce Perry, een vooraanstaande neuroloog, die een aantal van de belangrijkste werken met betrekking tot kinderen en trauma uit heft Adoptiekinderen lijken veel stress te ervaren vanwege de geïnternaliseerde dynamiek van afwijzing en verlating die wordt gestimuleerd in de baarmoeder, om nog maar te zwijgen over andere negatieve gebeurtenissen die zich na de geboorte kunnen voordoen, welke ik later nader zal toelichten.

Wat betekend dit allemaal? De gedragingen bij onder- en overstimulatie van adoptiekinderen zijn aanzienlijk heftiger in vergelijking met andere kinderen.

Als je met kinderen met moeilijke gedragsproblemen te maken hebt, moet je onthouden dat deze kinderen een traumatische ervaring hebben gehad. Zoals ik al in de introductie benoemde, veroorzaakt dit trauma een heftigere reactie op stress bij het kind, waardoor dit kind angstig en stress- gevoelig wordt. Dit is een eenvoudige, beknopte, wijze om je adoptiekind te beschouwen en geeft je de mogelijkheid om de wereld door zijn of haar ogen te bekijken.

Sleutelpunten:

De rol die stress speelt in de opvoeding van onze adoptiekinderen is belangrijk om te begrijpen. Houdt het volgende voor ogen:

1. Stress is onvermijdelijk.

2. Stress is een noodzakelijk kwaad in ons leven.

3. Stress veroorzaakt een onder of overgestimuleerde staat bij jonge kinderen.

4. Kinderen die trauma hebben ervaren hebben een aanzienlijk afwijkende reactie op stress dan kinderen die dit niet hebben ervaren.

Notities:

Hoofdstuk 3

Onderschat derol van traumaniet

"Als je kind zich door het herstelproces worstelt, luister slechts, ondersteun en moedig aan."

Laten we definiëren wat trauma precies inhoudt. Trauma is een stressvolle gebeurtenis die langdurig, overweldigend of onvoorspelbaar is en wanneer die gebeurtenis onuitgesproken, onbewerkt en onbegrepen blijft, wordt dit een trauma op de lange termijn.

Bijvoorbeeld: stel een kind is al op jonge leeftijd geadopteerd, misschien al bij de geboorte. Mitch Gaynor, auteur van *Sounds of Healing*, stelt dat de foetus al in de vierde week na conceptie kan horen. Thomas Verny, auteur van *Secret Life of the Unborn Child*, benadrukt dat de foetus al in het tweede trimester kan nadenken over wat er in en buiten de baarmoeder gebeurd. Deze beide boeken zijn geweldige bronnen voor het begrijpen van pre- en perinatale processen op een dieper niveau.

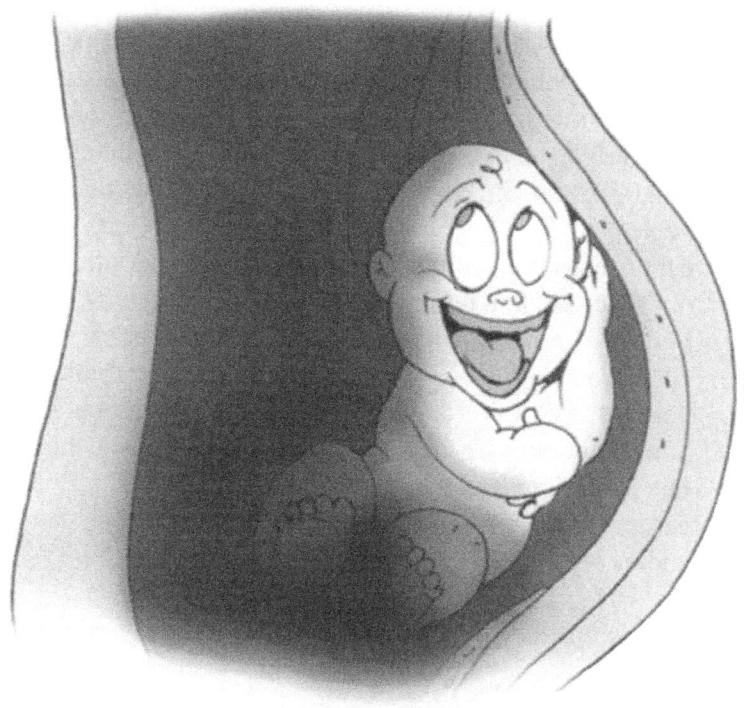

I HEAR YOU!...

Vele adoptieouders onderschatten het effect van het geboorteproces op hun adoptiekind. Dit is een vergissing. Vaak is het geboorteproces traumatisch, eenvoudigweg omdat het kind van zijn of haar biologische moeder is gescheiden. Vergeet niet dat die baby zijn moeders hartslag heeft gehoord, haar stem, en haar geur heeft opgesnoven, gedurende negen maanden onafgebroken. Plotseling is al het bekende weg, om nooit meer terug te komen. Als een adoptiekind bij zijn of haar moeder weggehaald wordt, wordt er een verdriet reactie gecreëerd binnen de baby's lichaam- geest systeem, en wordt de fysiologie op vele wijzen verstoord.

Dit is wat er zo betekenisvol is bij verdriet, een neurofysiologische verstoring van de hersenen en het lichaamssysteem. Hoeveel baby's hebben de mogelijkheid om hun trauma te uiten, verwerken en begrijpen? Niet veel. Ze kunnen huilen, maar dat is niet echt verwerken en begrijpen, toch? Als het adoptiekind ouder wordt, kan het verdriet om en verlangen naar de biologische ouder onbedoeld afgezwakt worden door de adoptieouders. Door de regel zullen adoptieouders het verdriet om en verlangen naar de biologische ouder van hun adoptiekind zien als een tekortkoming van henzelf. Dit is wederom een verkeerde inschatting en reflecteert eerder de ouders' eigen onzekerheden en angst, dan wat anders.

Kijk eens wat je voelt aangaande je kind's verdriet en verlies van de biologische ouder. Voel je je schuldig, verdrietig of boos? Meestal is er een overvloed aan gemengde gevoelens, maar ze komen allemaal uit je eigen angst voort. Zoals je je eigen gevoelens accepteert, geef je kind toestemming om hetzelfde te doen. Je kunt het beste eenvoudigweg reageren met een "schat, ik snap wel waarom je je zo voelt", of "het is heel normaal om je zo te voelen; dat is best verdrietig." Geef je kind toestemming om verdriet te hebben. Houd haar stevig vast als ze huilt en vragen stelt. Je hoeft de antwoorden niet te hebben. Maar luister eenvoudigweg, steun haar, moedig haar aan om met je te blijven praten. Dit is het eerste deel om verdriet te laten gebeuren. Wanneer het rouwproces eindelijk kan beginnen, zal het zichzelf mettertijd uitwerken, en je adoptiekind kan herstellen en zonder weerstand volledig toestaan dat je van haar houdt.

Onthoudt dat rouw een natuurlijk element is in het verwerkingsproces van je adoptiekind. Te vaak staan we dit eenvoudigweg niet toe, omdat we goedbedoelde, maar lamleggende uitspraken doen als "weet je schat, ik hou van je, en als je moeder je adoptie niet had toegestaan, zou ik jou niet hebben ontmoet", of "Je bent nu mijn kindje, ben ik niet goed genoeg voor je?". Maar erger zijn uitspraken als "Waarom zou je je moeder terug willen, of om haar huilen? Ze gaf je weg!" Zulke uitspraken helpen je kind echt niet te herstellen. Ze geven je eigen onzekerheden weer. Houdt die gevoelens voor jezelf, maar laat je angst het genezingsproces van je kind zelf niet belemmeren. Het is de enige manier om je kind te helpen voorbij het trauma van het verlies van zijn of haar biologische ouders te komen.

Zoals ik eerder vermelde, wordt trauma gedefinieerd als een stressvolle aanhoudende, overweldigende of onvoorspelbare gebeurtenis. Binnen die definitie onderscheiden zich drie soorten trauma:

1. Traumatische stress, waaronder verwaarlozing of fysieke, seksuele of emotionele mishandeling

2. Shocktrauma, waaronder bommen, auto ongelukken, aardbevingen en elke andere direct onvermijdelijke gebeurtenis

3. Ontwikkelingstrauma's, traumatische stressoren die zich voordoen tijdens de kindertijd en die de voortgang van de ontwikkeling belemmeren, waaronder shocktrauma

Adoptiekinderen hebben gebruikelijk zowel traumatische stress als ontwikkelingstrauma ervaren. Adoptie - zowel vóór als na de goedkeuring - is een traumatische ervaring. Pre-adoptiefactoren kunnen het geboortetrauma, drugsmisbruik, afwijzing, geweld en ondervoeding omvatten, allemaal extreem stressvol en traumatisch.

Post-adoptiefactoren omvatten vaak, maar niet uitsluitend, mishandeling, verwaarlozing en veelvuldige verhuizingen. Als een adoptie plaatsing mislukt, kan het kind naar een leefgroep gestuurd worden, of van het ene naar het andere pleeggezin. Verhuizen is een van de drie meest stressvolle gebeurtenissen die we als volwassenen in ons leven tegenkomen. Stel je eens voor hoe stressvol regelmatig verhuizen dan is voor kinderen. Voeg daar het meespelende verdriet en verlies aan toe, en je snapt waarom deze gebeurtenissen traumatisch zijn.

Even een voorbeeld. Aan het begin van een van mijn lezingen zei een ouder tegen me, "ik ben hier omdat mijn zoon encopresis heeft- hij poept in zijn broek. Hij is 11 en poept dagelijks in zijn broek". Hij had net geaccepteerd dat hij een luier om moest naar het voortgezet onderwijs.

Ik zei "Nou, vertel me eens wat meer over zijn geschiedenis".

"Hij is op zijn vierde geadopteerd", zei ze. "Tussen zijn geboorte en zijn vierde jaar, ging hij heen en weer tussen zijn biologische moeder en adoptiegezin, omdat de staat hem bleef herenigen met zijn moeder. Heen en weer, heen en weer, heen en weer. Zijn biologische moeder was een drugsverslaafde. Ze ging meermalen achter de tralies, en telkens wilde de staat hen herenigen."

De adoptiemoeder vervolgde: "Op zijn tweede hadden we hem bijna zindelijk, maar zijn biologische moeder kwam vrij en ze stuurden hem terug. Toen hij vier was, beëindigden ze haar gezag en hebben we hem geadopteerd."

De adoptiemoeder bleef volhardend dat haar zoon opzettelijk in zijn broek poepte. "Je begrijpt het niet", zei ze me, "hij probeert ons te beheersen en manipuleren. Als hij in zijn broek poept, is het net alsof hij zegt: 'ik schijt op jullie, pa en ma!' Zou jij dat van je kind accepteren?"

In plaats van haar te proberen uit haar rigide geloofssysteem (het oude patroon) te halen, stelde ik haar voor om met de lezing door te gaan. Ik dacht dat er later wel iets binnen zou komen bij haar. Tijdens een pauze, toonde ik een filmpje en wilde ik tot deze moeder doordringen. Dus, na de pauze liep ik naar de rand van het podium en zei ik: "Weet je wat, moeder, als jij twee weken met mij telefonisch aan de slag gaat, zal ik jou garanderen dat zijn broekpoepen sterk zal verminderen, zo niet helemaal stoppen."

Ze zei: "Dat klinkt verleidelijk, maar je zult wel niet goedkoop zijn."

Ik zei: "Dat klopt, maar ik doe het voor niets. Het enige wat je hoeft te doen, is iemand in het publiek aanwijzen die me na die twee weken belt om te zien of het resultaat succesvol was of niet." Ze stemde in en ik vroeg haar na de lezing bij me te komen.

Na de rest van de lezing van die dag aangehoord te hebben, kwam ze bij me en zei: "Dus jij zegt dat mijn zoon in zijn broek poept, omdat hij bang is".

Ik zei: "Ja! Hallelujah! Je snapt het!"

"Je zegt me dat hij dit niet doet om ons te beheersen." "Absoluut", reageerde ik meevoelend.
"Nou, ik geloof er niets van!" Zei ze.

Ik ben heus niet te beroerd om toe te geven dat dit mijn ego krenkte, en dat ik hierdoor wanhopig werd om haar dit te laten begrijpen. Dus sloeg ik keihard op de tafel - BAM! Wat denk je dat er gebeurde? Ze sprong op van schrik!

Ik vroeg haar "Merkte je hoe je opsprong? Ik wil dat je dat laat." En ik sloeg nogmaals keihard op de tafel - BAM! Weer sprong ze op, en ik zei: "Nee, echt! Ik wil dat je dat laat!" Ik zwaaide helemaal rond, sprong achteruit en keek haar weer aan - BAM! Eindelijk zei ze: "Okee, okee, ik snap het!"

"Voor jou zoon is dit hetzelfde" vertelde ik haar. "Het trauma dat hij heeft ervaren, heeft hem erg gevoelig gemaakt voor wat hij als bedreiging ziet."

Waarom? Er is een deel in de hersenen genaamd de amygdala, de angstreceptor in onze hersenen. Het heeft een neurocircuit dat langs het
ruggenmerg loopt. Raad eens waar dat neurocircuit eindigt? Bij de ingewanden! Dat is waarom we vlinders in onze buik voelen. Dat is waarom we een "onderbuikgevoel" hebben. Dat is waarom onze maag van streek raakt als we nerveus zijn. Het neurocircuit van de amygdala loopt regelrecht naar de darmen en veroorzaakt al die dingen die ons overkomen als we in aanraking komen met een bedreigende of angstige situatie.

Dus, als de amygdala van de zoon van deze vrouw getriggert werd - BOEM! Poepte hij in zijn broek. Toen hij twee was, werd hij terug naar zijn biologische moeder gebracht, net voor hij zindelijk was. Hij was dus nooit echt zindelijk. "Het is zo erg" vertelde ik deze moeder "dat alleen al door het van de ene klas naar de andere gaan hij in zijn broek zal poepen." Ze antwoordde: "Absoluut!"

"Niet alleen dat" zei ik "maar als je met hem in de auto zit en zegt, 'Hey, zullen we uit eten gaan', hij in zijn broek poept." Ze antwoordde: "Ja, absoluut!"

Ik begon me nu als een prediker te voelen. "Niet alleen dat" ging ik door, "maar het is zo slecht, dat hij in de woonkamer met vrienden aan het spelen kan zijn en tegen je zegt, 'Mam, we gaan even in de tuin hoor' en hij in zijn broek poept." Ze antwoordde: "Ja, dat klopt! Absoluut!"

De jongen had een trauma rondom transitie. "Als je je zoon wilt helpen" vertelde ik deze moeder, "moeten we die transitie onderbreken. We moeten hem inzicht en bewustwording verschaffen. We moeten zeggen, 'Jongen, in de eerste jaren van je leven ben je heen en weer geslingerd. Nu, telkens als je ergens heen en weer moet, wordt je bang en poep je in je broek. Niet alleen dat, je bent nooit helemaal zindelijk geworden.'" Dus we moeten hem eindelijk zindelijk maken en dat begint met een tijdschema om zijn angstigheid te verminderen, en de triggers van zijn amygdala, en de fysiologische reactie van het broekpoepen. Eenvoudig, toch?" Het verdrietige hieraan is dat ik nooit meer van deze moeder vernomen heb, dus ik weet niet eens of deze jongen ooit hersteld is.

Ik vertel je dit verhaal om drie redenen: ik geef echt om kinderen en gezinnen en weet dat dit gezin en kind worstelden; ik weet dat het erg beangstigend en moeilijk is om je patroon te veranderen; en ik weet dat dit werkt. Ik weet het, omdat ik het keer op keer heb zien werken.

Deze moeder was vastgeroest in haar oude zienswijze, dat haar zoon's gedrag boos, beheersend en manipulatief was. Wat we niet begrijpen, is dat we allemaal beheersend en manipulatief zijn als we bang zijn. Als we proberen controle uit te oefenen, is dat een overlevingsmechanisme. Als ik gestresst en bang ben, probeer ik wanhopig om controle te krijgen.

Sleutelpunten:

In dit deel hebben we geleerd dat trauma "een aanhoudende, overweldigende, of onvoorspelbare, stressvolle gebeurtenis" is. Hieronder staan nog wat sleutelpunten om te onthouden:

1. Als je kind begint te verwerken, luister slechts, ondersteun en moedig aan.

2. Waardeer de gevoelens van je kind, en vermijd dat je eigen angsten voor wat ze met je delen het herstelproces belemmert.

3. Je kind kan drie soorten trauma hebben ervaren: traumatische stress, shocktrauma en ontwikkelingstrauma.

4. Adoptiekinderen ervaren meestal zowel traumatische stress als ontwikkelingstrauma.

5. Het deel van ons brein dat verantwoordelijk is voor onze fysiologische reactie op angst heet de amygdala, de amygdala is verantwoordelijk voor dat "onderbuikgevoel" dat je hebt.

6. Controle is een overlevingsmechanisme, we proberen alleen controle uit te oefenen als we bang zijn. Dus, als je kind probeert een situatie te beheersen, is dat omdat hij of zij bang is. Wees je daar bewust van.

Notities:

Hoofdstuk 4

REGULATIE EN
DISREGULATIE

"Geef je kinderen nooit op, want je
weet nooit wanneer een ontwikkelingsmijlpaal
wordt gehaald die hen helpt om de meest
geschikte dynamiek voor sociaal en
emotioneel leven te leren."

Regulatie is een populaire term geworden, vooral in de neurowetenschap, omdat het zich bezig houdt met "invloed-regulatie", de regulatie van de emotionele staat en gedrag. In zekere zin is het als balanceren op een wipwap. Je raakt gestresst, maar als je in balans weet te blijven, wordt je niet te boos of te verdrietig. Dat is regulatie binnen je raam van tolerantie - de hoeveelheid stress die je kunt verdragen zonder uit balans te raken.

Disregulatie daarentegen, is de staat van het lichaam *buiten* dat raam van tolerantie. Als je gedereguleerd bent, ben je buiten het vermogen van je lichaam-geest om die stress te verdragen.

De onderstimulatie en overstimulatie die ik eerder noemde, zijn een staat van disregulatie. Als we boos worden, zijn we gedereguleerd en overgestimuleerd. In een gedereguleerde ondergestimuleerde staat kunnen we depressief worden.

Moeilijke en uitdagende adoptiekinderen zijn chronisch gedereguleerd en worstelen met hun vermogen van zelf-regulatie. Dankzij regulatie kun je stil zitten, focussen, concentreren, lachen, 's ochtends wakker worden, "goedemorgen" zeggen, je ontbijt eten, naar school gaan, en een goede dag op school beleven. Al die dingen zijn regulerende capaciteiten. Zonder die capaciteiten, zal een kind elke dag worstelen.

Dr. Perry verwijst naar deze staat bij kinderen als een "amygdala- kaping". Zodra de amygdala een bedreiging waarneemt vanuit het sensorisch netwerk (wat we zien, ruiken, horen, aanraken, proeven of voelen - zelfs de lichaamstemperatuur), reageert het. De amygdala is geen onderdeel van je rationele, denkende brein. Het is een onderdeel van je emotionele brein, en bevindt zich precies boven je hersenstam.

Herinner je je het verhaal over die jongen die in zijn broek poepte? Zijn amygdala werdt elke keer gekaapt, als hij moest handelen met een overgang. Dit is hoe dat werkt. De amygdala voelt een bedreiging in de omgeving en lanceert deze belangrijke stresshormonen, die naar de hypofyse gaan en hun weg vervolgen naar de hippocampus. De hippocampus wordt als controleur van de amygdala beschouwd, want de hippocampus helpt ons om helder te denken midden in een stressvolle situatie. Tijdens stress, echter, met al die hormonen in aantocht, heeft de hippocampus moeite om zijn werk goed te blijven doen.

De hippocampus is ook voor het merendeel verantwoordelijk voor ons korte termijn geheugen. Weet je nog dat, tijdens overweldigende stress, onze gedachten verward en vervormd worden, en ons korte termijn geheugen onderdrukt wordt? Dus, zijn kinderen in een chronische staat van disregulatie verward. Ze hebben last van vervormd denken en onderdrukt kortetermijngeheugen, en dat is waarom ze op school regelmatig zoveel moeite hebben. Het is dus geen wonder dat deze kinderen moeite met leren hebben.

Het is een veel voorkomend fenomeen. En kind dat uitblinkt op school, moet een gestandaardiseerde test doen. De leerkracht heeft de hele week lopen roepen: "deze test is heel belangrijk. We moeten het heel goed doen, jongens. Ik weet dat jullie het kunnen". Op de dag van de test, bevriest het kind, niet in staat helder te denken.

Als deze staat van stress voortduurt en overweldigend is, laat onderzoek zien dat neurologische beschadigingen kunnen voorkomen in de hippocampus. De hippocampus can zelfs nieuwe neurologische verbindingen vormen die het kind gevoeliger maken. Het is een overlevingsmechanisme, maar bouwt op een uitermate destructieve wijze.

Als de amygdala getriggert wordt, is het bezig te leren dat het voortdurend alert moet blijven. In deze verhoogde staat van alertheid, wordt de amygdala meer getraind en begint de hippocampus af te takelen. Het kind's vermogen om te focussen laat af; het vermogen van het kind om te reguleren laat af; en het kind's vermogen om op een positieve manier verbindingen met anderen aan te gaan laat af.

De hippocampus is ook verbonden met een belangrijk deel van onze hersenen, de orbitale frontale cortex, die wordt beschouwd als het uit- voerende controlecentrum voor al onze sociale en emotionele relaties. Dit is waarom adoptiekinderen die moeilijk gedrag laten zien, vaak moeite hebben met relaties. Maar, hoe gaan we de hippocampus herstellen als deze beschadigd is door regelmatige amygdala kapingen?

Er zijn twee manieren om het brein aan te passen: positieve omgeving en positieve relaties, plus de positieve herhaling van beiden. Wanneer stress edurende aanhoudende periodes onderbroken wordt, kan de hippocampus herstellen. De orbitofrontale cortex - het sociale en emotionele controlecentrum - is een van de weinige hersengebieden die open is voor verandering en ontwikkeling gedurende onze levensloop.

Voordat we verder gaan, wil ik een paar ontwikkelingsmijlpalen met betrekking tot elke hersenstructuur benoemen en vertellen over een cente ontdekking die het opvoedingsplatform zal veranderen.

De amygdala is al bij de geboorte "online". Haar groeisnelheid is gelijk aan die van de hersenstam. Tegen de tijd dat een zoogling de leeftijd van 18 maanden bereikt, is de amygdala al volledig ontwikkeld. Daarom functioneert het vermogen van het kind om bedreigingen, angst en stress waar te nemen. Aan de andere kant, de hippocampus - het deel van de hersenen dat bijdraagt aan het kalmeren van stress en het helpt het kind om helderer te denken en minder overweldigd te voelen - voltooid zijn ontwikkeling pas in de 36e maand van leven. Dit is belangrijk, want het legt een neurologische basis voor waarom we het niet zouden moeten toestaan

dat kinderen zichzelf in slaap huilen. Het is te stressvol voor hun ontwikkelende hersenstructuren. Dit neigt te leiden tot gestresste en overmatig gevoelige babies. Dit is geen ideale staat voor babies, omdat ze veel te veel stress tegenkomen om te beginnen, als je het enorme gebruik van kinderdagverblijven, gefabriceerde formules, Dit is geen ideale staat voor baby's omdat ze in het begin veel te veel stress ondervinden wanneer je het hoge gebruik van kinderopvang, gefabriceerde formules, bijzetwiegjes in plaats van in het gezinsbed, enzovoort, beschouwt.

Dus, als het kan, als je je kind helpt tot rust te komen voor dutjes en 's nachts, ga bij hem liggen tot hij in slaap valt, als het grote bed geen optie is. Dit zal hem helpen om zijn interne staat voor slaap te reguleren via jouw invloed.

Een ander interessant punt van aandacht is dat de orbitofrontale cortex niet volledig is ontwikkeld tot we 25 jaar oud zijn! Het deel van ons brein dat het meest verantwoordelijk is voor hoe we in de maatschappij meekomen, is niet volledig ontwikkeld tot we al ruim in onze vroege volwassenheid zijn. We noemen 18-jarigen volwassenen, maar dit is zeven jaar voor hun hersenen neurologisch uitgerust zijn om als volwassene te functioneren. Het andere punt hier is dat het systeem voor geestelijke gezondheidszorg vaak zegt dat het een

kind geen hulp kan bieden of het kind voorbestemd is voor een bepaalde manier van zijn. Maar, tot een kind de leeftijd van 25-28 jaar bereikt, is er nog steeds een hele grote kans dat herstel en verandering kunnen geschieden.

Zoals ik eerder zei, is de orbitofrontale cortex een van de enige gebieden in de hersenen die gedurende je leven open staat voor verandering, zo lang je ademt, is er hoop op verandering. Beschouw de discipel Paulus of St. Franciscus als voorbeelden. Geef je kinderen nooit op, want je weet nooit wanneer een ontwikkelingsmijlpaal behaald wordt, die hen zal helpen om de meest toepasselijke dynamiek voor sociaal en emotioneel leven aan te leren.

Sleutelpunten:

In dit hoofdstuk hebben we geleerd, dat ons vermogen om in balans te blijven gedurende een staat van stress in de neurowetenschap 'regulatie' genoemd wordt. De keerzijde daarvan is 'disregulatie', en ons doel als ouders van adoptiekinderen is om gereguleerd te blijven en onze kinderen te helpen gereguleerd te blijven. Hier zijn een paar dingen om voor ogen te houden:

1. Moeilijke, uitdagende adoptiekinderen zijn chronisch gedereguleerd.

2. Adoptiekinderen in een chronische staat van deregulatie ervaren vaak een amygdala kaping. Hun lichamen zijn overladen met hormonen in een poging om te gaan met de bedreiging. Het is geen rationele reactie. Het is een emotionele reactie die het verlies van het korte- termijn geheugen en vervormde gedachten veroorzaakt.

3. Het lichaam heeft een verkeersagent met de naam hippocampus, wiens werk het is om de reactie van de amygdala te reguleren, maar deze natuurlijke modulator kan beschadigd raken als een kind in een voortdurende staat van stress verkeert.

4. Er is echter hoop! Door het creëren van een positieve omgeving en positieve relaties met en voor het kind, kan de hippocampus herstellen, waardoor de reactie van het kind op stress minder heftig zal worden.

5. Tot een kind zijn of haar late twintiger jaren bereikt heeft, is er nog steeds een grote kans op herstel en verandering mogelijk.

Notities:

HOOFDSTUK 5

De oxytocine-respons

"Elke handeling in de richting van het kind, moet erop gericht zijn om de oxytocine-respons van het kind te activeren."

Vervolgens wil ik je een van de meest opwindende doorbraken vertellen die ik ooit heb gehoord. Deze ontdekking heeft het potentieel om de wijze waarop wij met alle kinderen relativeren te veranderen. Het wordt de oxytocine-respons genoemd. Voor de meest praktische, specifieke, leken informatie over deze wetenschappelijke vooruitgang, raad ik aan dat je nu stopt met lezen, naar PostInstitute.com gaat en een exemplaar koopt van Susan Kuchinskas' boek *The Chemistry of Connection*. Ik maak geen grapje. Stop met lezen en bestel nu een exemplaar - dat is belangrijk!

The Chemistry of Connection verkent een weinig besproken hormoon, afgescheiden door de hypothalamus, genaamd oxytocine, ook wel het anti-stress hormoon, en soms, het bindende hormoon vanwege zijn vermogen om te kalmeren. Zoals ik eerder uitlegde, als de amygdala stresshormonen afscheidt, passeren deze de hypofyse. Naast de hypofyse zit de hypothalamus. Als de stresshormonen door de hypothalamus gaan, is het de bedoeling dat zij de oxytocine-respons activeren, om zo het lichaam gelijktijdig van oxytocine te voorzien. Dit hormoon helpt om het stress respons systeem van het lichaam te reguleren.

Oxytocine wordt meestal genoemd tijdens het geboorteproces omdat het nodig is om weeën te helpen starten. Het is ook het kritieke hormoon dat wordt afgegeven als een moeder haar pasgeborene borstvoeding geeft. Het speelt een belangrijke rol in de hechting tussen moeder en kind - genaamd het hechtingsproces. Oxytocine's vermogen om het lichaam- geestsysteem te reguleren is wat de hechting mogelijk maakt.

Nu zul je je afvragen wat dit betekend voor het ouderschap. Nou, er zijn meer implicaties dan ik hier zal behandelen, maar om te beginnen, het onderzoek heeft aangetoond dat de oxytocine-respons een aangeleerde reactie is. Het is niet iets dat gewoon natuurlijk gebeurd. Aangepaste en attente zorgverlening is vereist om de oxytocine-respons te initiëren. Zonder afgestemde en aandachtige zorgverlening wordt de respons onvoldoende adequaat geconditioneerd in het licht van chronische stress, misbruik of emotionele afwezigheid. Een geadopteerd kind kan dus opgroeien met een slecht ontwikkeld oxytocine-reactiesysteem, waardoor het kind vatbaar is voor langdurige toestanden van stress, hoge angstgevoelens, agressie, depressie en een overvloed aan andere emotionele triggers.

Met afgestemde en aandachtige zorgverlening zal uw geadopteerde kind echter een gezonde oxytocinerespons krijgen en beter in staat zijn om deel te nemen aan gezonde sociale en emotionele relaties. Dit alles verzet bergen om uw kind te helpen bij het reguleren, het ontwikkelen van veilige relaties, en het zal zich gelukkiger voelen. De conclusie is dat oxytocine doorslaggevend is.

Vanuit dit onderzoek kunnen we het belang van goed afgestemde en responsieve zorgverlenende praktijken niet ontkennen. Ik geloof dat dit de grootste doorbraak is in de opvoedingsgeschiedenis voor het creëren van gezonde gehechtheid. Elke handeling richting een kind moet erop gericht zijn om de oxytocine-respons van dat kind te activeren. Dit is inclusief, maar is niet beperkt tot, glimlachen, aanwezig zijn, luisteren, knuffelen, vasthouden, schommelen, spelen, het delen van maaltijden, lachen, masseren, geduldig zijn, oogcontact maken, bemoedigen, niet beschamen, niet beschuldigen, niet bedreigen en niet schreeuwen. Als je als ouder de fout in gaat, betekend dit dat je naar je kind moet gaan en je oprechte verontschuldigingen aan moet bieden. Je bent zojuist gezalfd met het favoriete hormoon van de liefdesrevolutie!

De kracht van de oxytocine-respons kan niet genoeg benadrukt worden. Ik ben ervan overtuigd dat het zo belangrijk is. Denk hier goed over na, want we leven in zo'n stressvolle, bedreigende samenleving dat er weinig momenten zijn waarin we de stress onderbreken die kinderen ervaren. Te vaak worden ze overweldigd, zonder een kans op bestendige regulatie. Een aantal dingen waarvan wij denken dat ze positief zijn voor kinderen, creëren meer stress en moeilijkheden voor hen op een later tijdstip. Deze dingen omvatten onder andere: vroege socialisatie, druk voor atletische en academische successen, traditionele strafhandelingen als slaag, schreeuwen, isoleren, time-out, gedrag aanpassing en consequenties. Zulke veel voorkomende praktijken creëren minimale mogelijkheden voor de oxytocine-respons om in te treden, dus regulatie komt niet op gang. In plaats daarvan ervaren onze kinderen meer stress, angst en verstoorde emotionele toestanden, dan zij aankunnen.

Sleutelpunten:

In dit hoofdstuk hebben we geleerd dat oxytocine helpt om het lichaamseigen stress-reactiesysteem te reguleren. Hier zijn belangrijke punten om te onthouden:

1. Zonder afgestemde en aandachtige zorgverlening wordt de oxytocine-respons onvoldoende adequaat geconditioneerd in het licht van chronische stress, misbruik of verwaarlozing.

2. Als ze afgestemde en aandachtige zorgverlening ontvangen, kunnen kinderen een gezonde oxytocine-respons ontwikkelen en zich in gezonde sociale en emotionele relaties begeven.

3. Als je als ouder de fout in gaat, ga terug naar je kind en biedt oprechte verontschuldigingen aan.

4. Vroege socialisatie, druk voor successen, consequenties, gedragsmodificatie, en traditionele strafhandelingen creëren minimale mogelijkheden voor de oxytocine-respons om in te treden.

Notities:

HOOFDSTUK 6

Leeftijden en geheugenniveaus

"De belangrijkste elementen van opvoeden zijn gezichtsuitdrukkingen, timing, intensiteit, intonatie, gebaren, en oogcontact. Als je weet hoe je de gemoedstoestand van het kind kunt activeren ... kan het kind positief worden beïnvloed."

Bruce Perry zei: "Ieder van ons zal gedurende periodes van stress teruggaan naar onze aangeleerde comfort zone." Dit betekend dat je kind emotioneel terug gaat naar een vroege trauma ervaring, wat ik de "trauma barrière" noem. Telkens als een kind zich gestrest voelt, treedt de trauma barrière in, en gaat dat kind terug naar de leeftijd van de trauma barrière. Onderzoek heeft uitgewezen dat volwassenen terug kunnen gaan naar hun zoogtijd, als ze enorme hoeveelheden stress ervaren. Dat is waarom je een 13-jarig kind kunt hebben dat zich als een 3-jarig kind gedraagt op school. Als je de leerkracht aangeeft dat de trauma barrière van het kind op 3-jarige leeftijd ligt, zal deze vaak reageren met: "Oh, maar dat klopt helemaal! Ze gedraagt zich ook als een 3-jarige."

We hebben allemaal drie verschillende leeftijden: de cognitieve leeftijd, emotionele leeftijd en chronologische leeftijd. De chronologische leeftijd is het aantal jaren dat we geleefd hebben, maar de cognitieve en emotionele leeftijd zijn beiden afhankelijk van onze ontwikkeling. Dus, wat gebeurd er met een 13-jarig kind dat zich gedraagt als een kind van drie? Duidelijk is dit niet de chronologische leeftijd van het kind. Als de stress heftig genoeg is, en de regressie naar een infantiele staat is, kunnen de cognitieve processen van het kind tijdelijk verstoord worden, waardoor de cognitieve leeftijd van het kind zakt naar 3 jaar. Even een voorbeeld.

Laten we zeggen dat een 13-jarige naar school gaat, gestresst wordt, en emotioneel en cognitief terugvalt naar 3 jaar. Ze zegt: "Ik kan mijn werk niet doen! Ik kan mijn werk niet doen!" We zouden kunnen reageren met: "Nou, gisteren lukte het je anders! Dus ik weet dat je het vandaag ook kan!" Als zo'n woordenwisseling voorvalt, wat creëert dat voor het kind? Juist, meer stress!

Aanvullend op deze ontwikkelingsleeftijden/-toestanden, hebben we vier geheugenniveau's: cognitief, emotioneel, motorisch en toestand. Het cognitieve geheugen wordt als het makkelijkst te beïnvloeden niveau beschouwd. Het cognitieve geheugenniveau omvat concepten als $2 + 2 = 4$, namen, telefoonnummers, adressen, enzovoorts.

Gezichtsherkenning treedt op als ik in mijn emotionele geheugenniveau stap. Ik kan 's ochtends iemand tegenkomen en leren kennen, maar als ik niet bewust moeite doe om de herinnering direct paraat te hebben, zou ik hem 's middags niet meer herkennen. Later kan ik hem tegenkomen, en het eerste wat ik zou doen, is naar hem lachen en hem aankijken. Ik zal een directe reactie naar hem toe hebben, maar dit is een reactie op basis van liefde, in plaats van angst. Ik zou kunnen zeggen: "Ik herinner me je", en hij zou kunnen reageren: "Oh ja, ik was vanochtend in het restaurant." Mijn respons zou kunnen zijn "Oh ja, Jozef!" Dat is het moment waarop het cognitieve geheugen in werking treedt.

Het emotionele geheugen treedt in werking als we iemands gezicht zien, of als we een gevoel of emotie bij iemand hebben.

Maar vergeet niet dat een emotie en gevoel niet hetzelfde zijn. Een emotie is wat je voelt met je lichaam. Een gevoel, aan de andere kant, is wat jij creëert in jouw hersenen door middel van jouw cognitieve proces.

Dan komt het motorisch geheugenniveau, welke onbewust is. Dit omvat activiteiten als lopen, praten, knipperen, schrijven met je vulpen, en je hoofd krabben. Zelden denken we "ik knipper nu", omdat het onbewust gebeurd. Tot we ons bewust op de onbewuste handeling concentreren, blijft het onbewust.

Tot slot, ons primitieve geheugenniveau is de belangrijkste om hier te bespreken, omdat men gelooft dat een trauma het primitieve geheugenniveau beïnvloedt. Dit geheugenniveau wordt geassocieerd met je hersenstam. Het ontwikkelt zich op zeer jonge leeftijd. Er wordt aangenomen dat de tijd van in de baarmoeder tot de eerste vier jaar van ons leven het meest belangrijk is voor de ontwikkeling van onze hersenen en al onze ervaringen.

In het baanbrekende werk *Secure Base* van John Bowlby, de vader van de gehechtheid, zegt hij: "De eerste drie jaar van ons leven vormen de blauwdruk voor al onze toekomstige relaties." We weten dat het brein al voor de geboorte elke neuron die we ooit in ons leven nodig zijn heeft gevormd. Vlak voor de geboorte vindt er een snoekproces plaats, waarbij het brein wat onnodige neuronen afbreekt. Het is van cruciaal belang om te begrijpen dat hoge niveaus van stress en trauma van invloed zijn op het primitieve geheugenniveau en onze persoonlijkheidstrekken beïnvloeden.

Perry zegt: "Toestanden worden eigenschappen." Wat er in het primitieve geheugenniveau gebeurd, vormt de persoonlijkheid. Daarom, als een kind trauma op dat niveau heeft ervaren, is dat belangrijk.

Wetenschappers hebben ook beweerd dat het primitieve niveau het moeilijkst te beïnvloeden niveau is. Vanuit onze traditionele praattherapie- zienswijze klopt dit ook, maar als we vanuit een, op de oxytocine-respons gericht, emotioneel perspectief werken, niet. De uitdaging is dat we normaliter vanuit zo'n cognitief perspectief werken, dat we vitale kansen om het primitieve niveau te beïnvloeden missen. Het is eenvoudigweg een geval van het primitieve niveau aanspreken.

Het is cruciaal om te begrijpen dat opvoeden veel meer een emotionele zaak dan een verstandelijke is. De belangrijkste elementen van opvoeden zijn gezichtsuitdrukkingen, timing, intensiteit, intonatie, gebaren, en oogcontact. Dit zijn de meest invloedrijke paden naar het primitieve geheugenniveau van een kind. Het primitieve geheugenniveau van kinderen met trauma is 24 uur per dag toegankelijk. Als je het primitieve geheugenniveau weet te activeren, waarvoor meer nodig is dan eenvoudigweg praten, kan het kind positief beïnvloed worden.

Bijvoorbeeld, om jouw primitieve geheugenniveau aan te spreken, hoef ik enkel te stoppen met praten en je aan te raken. Mijn hand op een schouder leggen spreekt je primitieve geheugenniveau aan. Op dat moment wordt de vraag of ik een veilig of gevaarlijk persoon ben jouw focus. Dit gebeurt zonder een woord te spreken, het gebeurt op het primitieve geheugenniveau.

Het primitieve geheugenniveau is altijd aanwezig en toegankelijk, maar vaak versterken we het primitieve geheugenniveau op een negatieve wijze. Dr. Perry stelt dat "Bij het tegenkomen van een nieuwe gebeurtenis, beschouwen alle mensen die gebeurtenis als een bedreiging totdat anders wordt bewezen." Dit gaat vanzelf. Houd in gedachten dat elke transitie, zoals van de ene kant van de kamer naar de deur gaan, een nieuwe gebeurtenis is. De reactie van een adoptiekind op een nieuwe gebeurtenis wordt versterkt vanwege zijn vroege lichaam-brein ervaring. De amygdala is veel gevoeliger, waardoor transities enorm traumatisch kunnen zijn.

Wat gebeurt er, als je tegen een kind wiens amygdala overactief is geworden, zegt: "Bryan, sta op en ga naar buiten!"? Het kind zal stoppen en "Nee!" zeggen. Wat zou de gemiddelde volwassene doen als iemand zei

"Sta eens op en ga naar buiten!"? Een volwassene zou even stil staan en vragen waarom die persoon zoiets vraagt, maar hoogstwaarschijnlijk wel al richting de deur gaan, omdat in zijn brein hij in staat zal zijn te zeggen "dat is niet zo eng." Maar het kind dat de opdracht kreeg op te staan en naar buiten te gaan zal overstuur raken, omdat de opdracht onmiddellijk een grote bedreiging is voor dat kind. In veel situaties voelt het als een bedreiging op-leven-en-dood. Het kind bevriest simpelweg omdat iemand zegt op te staan en naar buiten te gaan.

Nu zul je je misschien afvragen waarom dat zo dreigend is. Het antwoord daarop kan behoorlijk uitgebreid zijn, maar ik zal het vereenvoudigen door te antwoorden met "wat als". Wat als het kind in het verleden gevraagd is naar buiten te gaan, en door jeugdzorg of de politie is meegenomen en nooit terug gegaan? Of, zoals bij een baby, naar buiten gaan staat voor nooit meer zijn moeder zien. Kun je de omvang bevatten van wat zelfs het simpelste verzoek heeft voor een adoptiekind? Helaas zeggen we vaak dat het kind dominant of opstandig is, een treurig en verkeerd oordeel over een geadopteerd kinderhart.

Zoals velen van ons geleerd hebben bij de 'introductie in de psychologie', hebben we twee basisreacties voor een beangstigende gebeurtenis: vechten of vluchten. In de afgelopen 20 jaar hebben wetenschappers echter een derde reactie toegevoegd - bevriezen. Hoewel de bevriezing een nieuwe reactie is, is hij heel belangrijk, omdat het voor ons allemaal de eerste reactie is. We bevriezen voor we vechten of vluchten. Niemand rent gewoon naar iemand toe en begint te vechten. Niemand zal automatisch wegrennen. Iedereen bevriest eerst, lang genoeg om de andere persoon als een bedreiging te ervaren.

De vechtreactie komt na de reactie van bevriezing. Eerst voelen we angst. Boosheid is een overlevingsmechanisme, omdat het niet gebruikt wordt om te vechten en aan te vallen, maar om anderen weg te duwen. Dat is waarom de moedervogel begint te krijsen als we te dicht bij haar nest komen. Als we dichterbij komen, zal ze laag over je heen vliegen. Ze laat je zien dat ze boos is, maar de basis van haar boosheid is haar angst. We worden alleen boos, als we bang zijn.

Het is dus belangrijk om te begrijpen dat wanneer een kind een nieuwe gebeurtenis ervaart - en elke situatie kan voor een getraumatiseerd kind een nieuwe gebeurtenis zijn - de bevriezingsreactie het eerste antwoord is. Dit kan daarna opgevolgd worden door vechten (boosheid) of vluchten (terugtrekken), afhankelijk van of het kind onder- of over-gestimuleerd is.

Daarom hebben deze kinderen zoveel moeite met overgangen van het huis naar de auto, van het ene klaslokaal naar het andere, of zelfs van de woonkamer naar de badkamer. "Alles is een strijd", zegt de ouder, en de ouder heeft gelijk. Wanneer de overlevingsmechanismen in werking zijn, is alles een strijd.

Een voorbeeld: Je bent aan het genieten van een avond met je kind en je voelt je heel kalm. Je zegt: "Hey Sam, sta eens op en breng de vuilnis buiten." Het probleem is dat Sam TV kijkt en je hem vraagt in overgang te gaan. Hij zegt: "ja, ok ja.", maar blijft TV kijken. Je bent niet gespannen en laat Sam alleen. Vijf minuten later zeg je: "Sam, je moet echt even de vuilnis buiten zetten." Ditmaal staat Sam op en zet de vuilnis buiten. Zonder die vijf minuten, zou Sam een amygdala-reactie hebben gehad: "Het is een bedreiging, een bedreiging, een

bedreiging!" Maar die extra tijd die je hem gaf om in zijn hoofd over te gaan, gaf zijn hippocampus de tijd om in te treden met:

"misschien is het toch niet zo'n bedreiging" Hij was in staat om zichzelf emotioneel voor te bereiden en te schakelen van TV-kijken naar de vuilnis buiten zetten. Hij werd flexibeler, omdat hij meer tijd om te reguleren had.

Geadopteerde kinderen zijn chronisch star. Ze zijn star, omdat ze bevroren zijn, zo vaak dat ze vast zitten in de bevriezingsreactie. Wat zou er nu gebeuren als je je geduld met Sam verliest, als hij de vuilnis niet buiten zet?

Stel je voor dat je je geduld verliest en zegt: "Zet het vuilnis buiten, NU!" Wat gebeurt er in Sam's brein? Hij wordt meer gespannen en angstiger. Zijn amygdala treedt in, er is geen oxytocine-respons, en zijn hippocampus is niet in staat om zijn werk te doen. Zulke algemene ouder-reacties bewerkstelligen zonder twijfel jarenlange negatieve conditionering tussen ouders en kinderen, simpelweg door een gebrek aan begrip.

Sleutelpunten:

In dit hoofdstuk hebben we geleerd dat we vier niveau's van geheugen hebben die beïnvloeden hoe we op de wereld reageren: cognitief, emotioneel, motorisch en primitief.

1. Het cognitief geheugen is waar we dingen als namen en telefoonnummers en dergelijke opslaan.

2. Het emotioneel geheugen is waar we gezichten opslaan en gevoelens en emoties over mensen ervaren.

3. Het motorisch geheugen is onderbewust, en hier slaan we opdrachten voor lopen, praten en dergelijke op.

4. Het primitief geheugen is waar geadopteerde kinderen de trauma's die ze hebben ervaren opslaan. Dit is tevens het niveau dat de meeste aandacht vraagt van adoptief ouders om hun kinderen te helpen.

Notities:

HOOFDSTUK 7

Ontdekkingstocht onder de oppervlakte

"Wat er gebeurt bij kinderen, is
dat we ze bestickeren op basis
van hun gedrag als hyperactief,
weerbarstig of agressief.
Zodra we dat doen, kijken we
alleen naar de top
van de ijsberg."

Het is heel belangrijk om te begrijpen wat er zich onder de oppervlakte van het gedrag van het adoptiekind afspeelt. Als je in je kano ronddobbert en een enorm stuk ijs ziet drijven, wat zeg je dan tegen je metgezel? "Een ijsberg!" Maar wat je ziet, is niet de hele ijsberg; het is slechts de top van de ijsberg. Wetenschappers zeggen dat slechts 10 tot 15% van een ijsberg boven de oppervlakte is, en dus de rest onder de oppervlakte. Dat grote brok ijs boven het water, is maar 10 tot 15% van de enorme massa die zich onder het oppervlak bevindt. Hetzelfde kun je zeggen over adoptiekinderen en hun gedrag. Als we het gedrag van een kind zien, zien we slechts de top van de ijsberg.

Wat er gebeurt bij kinderen, is dat we ze bestickeren op basis van hun gedrag als hyperactief, weerbarstig of agressief. Zodra we dat doen, kijken we alleen naar de top van de ijsberg. We hebben aannames gedaan uitsluiten gebaseerd op het gedrag, maar er is meer dieper gelegen dan alleen het gedrag, dat we moeten gaan begrijpen. We moeten naar de bodem en zwemmen waar de rest van de ijsberg ligt. Daar steekt onze eigen angst de kop op. "Het is te groot! Laten we teruggaan naar de top." We willen negeren wat er onder de oppervlakte ligt, maar de oplossing vereist dat we de hele ijsberg uit de weg ruimen. We kunnen proberen om stukjes van de top te hakken, maar wat gebeurt er dan? De volgende, onderliggende laag van de ijsberg zal naar boven komen drijven. Wat we moeten doen, is omlaag duiken met wat dynamiet en de bodem opblazen. Als we ons over de situatie ontfermen op de bodem - bij de bron - zal de top simpelweg wegdrijven. Bij moeilijke kinderen, zij met een traumatische geschiedenis als adoptiekinderen, moeten we achter het gedrag kruipen en er op dat niveau mee afhandelen.

Sleutelpunten:

Dit hoofdstuk belicht hoe de bron voor het gedrag van een kind vaak onder de oppervlakte ligt. Onthoud deze sleutelpunten:

1. We moeten onder de oppervlakte kruipen en de situatie bij de bron oplossen.

2. Moeizaam gedrag moet bij de bron aangepakt worden.

Notities:

HOOFDSTUK 8

Het Stress Model ™

"Je kunt het grootste verschil
maken in het leven van je kind
wanneer je leert om
responsiever te zijn in plaats
van reactionair op het gedrag
van je
geadopteerde kind."

Een groot deel van het nieuwe paradigma is het Stress Model™, een eenvoudige theoretische formule die ik in mijn werk gebruik. Natuurlijk is het de eenvoud waardoor het voor mensen zo moeilijk te bevatten is. Onze maatschappij bekijkt dingen niet in eenvoud, waarom? Het komt allemaal weer neer op stress, waardoor het vermogen van de hippocampus om helder te denken verstoord wordt. Omdat stress verward en verstoord denken veroorzaakt, hebben we de neiging om dingen moeilijker te zien dan ze werkelijk zijn als we in stress verkeren.

In al zijn eenvoud beweert het Stress Model™ dat alle gedrag voortvloeit uit een staat van stress. Tussen het gedrag en de stress bevindt zich een primaire emotie. Weet je nog: er zijn slechts twee primaire emoties: liefde en angst. Door het uiten, verwerken en begrijpen van de angst, kunnen we de stress kalmeren en het gedrag verminderen. Ik heb dit model met groot succes toegepast op zelfs de meest ernstige casussen.

Weet je nog? De 11-jarige jongen die maar in zijn broek bleef poepen? Dat is nu een perfect voorbeeld van gedrag voortvloeiend uit een staat van stress. Een kernprincipe van het Stress Model™ heeft te maken met het verschil tussen reageren en responderen - iets dat ouders moeten leren. Een ouder kan het grootste verschil maken in het leven van een kind, wanneer deze reactief, in plaats van reactionair, op het gedrag van het kind leert te zijn.

Laten we het voorbeeld van het liegen nemen. (In het volgende hoofdstuk gaan we meer in op het liegen.) Als een kind liegt, heeft de ouder de mogelijkheid om te responderen of reageren. Als de ouder reageert, zou hij kunnen zeggen: "Lieg niet tegen me!" En respons zou echter kunnen zijn: "Wauw, er moet iets met jou aan de hand zijn." De reactieve staat is, duidelijk, angst-gestuurd, maar responderen heeft ook met angst te maken. Om in die responsieve staat te komen, moet een ouder tegen zichzelf zeggen: "ik kan kalm blijven en reageren, en ik weet dat alles goed komt." Daarop vertrouwen kan echter beangstigend zijn.

Dit is wat ik als een ideaal voorbeeld van responderen beschouw. De kleinzoon van de grote Mahatma Gandhi moest zijn beroemde grootvader eens ophalen van het vliegveld. Hij was wat laat, en toen zijn grootvader vroeg waarom, loog hij. Maar zijn grootvader had al een telefoontje gepleegd en wist precies waarom hij laat was. Er welden enorme tranen op in de ogen van Mahatma Gandhi, en ze stroomden over zijn wangen. Hij keek zijn kleinzoon aan en zei: "Ik moet boete doen voor wat het ook is dat ik heb gedaan om jou zo bang te maken dat jij het noodzakelijk denkt om tegen me te liegen. Daarom zal ik als boete de 27 km naar huis lopen." Mahatma Gandhi's kleinzoon reed 7 km/u in het donker, terwijl hij zijn grootvader 27 km naar huis zag lopen.

Nou denk je misschien dat dit was om het schuldgevoel van zijn kleinzoon aan te wakkeren, maar niets is minder waar. Het was de ultieme verantwoordelijkheid van de grootvader. In

essentie zei hij: "ik ga jou dit niet aandoen. Ik doe dit, omdat ik verantwoording moet afleggen aan iets groters." Krachtig he?

In onze maatschappij hebben we de neiging om te zeggen: "Nou, het kind liegt, dus hij is degene die die 27 km zou moeten lopen." Dat is het verschil tussen responsief en reactief zijn.

Sleutelpunten:

In dit hoofdstuk hebben we geleerd over het Stress Model™, hetwelk zegt: "Alle gedrag vloeit voort uit een staat van stress." Dit is van uiterst belang voor ons begrip voor de uitdagingen die we tegenkomen bij onze adoptiekinderen.

1. Vergeet niet dat je kinderen gestresst zijn en dat de stress geheugenverlies op korte termijn en verstoord denken veroorzaakt.

2. Als ouders kunnen we het grootste verschil in het leven van onze kinderen maken als we leren hoe we responsief in plaats van reactionair moeten zijn. Gandhi kon het, dus jij ook!

Notities:

Hoofdstuk 9

LIEGEN

> "Als een kind een leugen
> verteld, komt dit vanuit
> pure angst."

De meeste ouders worstelen met liegend gedrag van kinderen. Ik wil je een formule en een manier van begrip reiken die het beïnvloeden van dit gedrag veel beter mogelijk maken. Liegen is doorsnee, en de formule die ik gebruik is effectief. Sommige ouders ontdekten dat het gelijk de eerste keer dat ze het probeerden werkte. Zij zeiden: "Ik heb het één keer geprobeerd, en sindsdien liegt mijn kind niet meer." Een moeder vertelde me dat, nadat ze de formule een aantal weken geprobeerd had, haar twee adoptiekinderen minder tegen haar logen en zelfs begonnen zichzelf te herstellen vóórdat ze logen.

Ze vertelde me het verhaal van haar 12-jarige zoon die een van zijn zusters poppen kapot had gemaakt en haar vroeg hoeveel ze kostten, zodat hij een nieuwe voor zijn zuster kon kopen. Zijn moeder bedankte hem hartgrondig, want voordat ze de formule toepaste zou hij de kapotte pop onderin zijn speelgoedkist hebben verstopt om te verbergen wat hij had gedaan. Hij zou het nooit hebben toegegeven.

De formule om een kind te helpen het liegen te overkomen, is om de leugen te negeren, maar niet het kind. Laat me dit herhalen: negeer de leugen, niet het kind. Als je de leugen negeert, negeer je de staat van angst en stress van het kind. Als een kind een leugen verteld, doet hij dit vanuit extreme angst. Herinner je je het verhaal van Mahatma Gandhi's kleinzoon? We liegen allemaal weleens, maar die leugens komen tot stand vanuit stress en angst. Kinderen met trauma geschiedenis liegen omdat voor hen het een situatie op leven en dood is. Deze kinderen geloven dat het vertellen van de waarheid betekent dat ze worden afgewezen. Dus moeten ze wel tegen je liegen, en ze zullen aan de leugen vasthouden uit overlevingsdrang. Hun leugens zijn zo overtuigend omdat hun levens er van af hangen. Deze overtuigingen zijn misschien een verstoring in hun brein, maar die verstoringen zijn werkelijkheid voor het kind.

Wat gebeurt er als je de plaatsing van een geadopteerd kind bedreigt vanwege zijn/haar gedrag? Wat gebeurt er als je tegen dat kind zegt: "Als je je niet beter gaat gedragen zullen we een ander thuis voor je moeten zoeken", of "als je niet stopt met liegen, dan moet je hier weg"? Dit is een perfect voorbeeld van een waarheid: Actie zonder begrip leidt ons terug naar duisternis. John Bowlby zei: "de dreiging van verlies is gelijk aan het verlies zelf." Zodra je het kind dreigt, initieer je een rouw-reactie die stress en angst oproept. Je weet wat er vervolgens komt - verwarring en verstoring.

In die verstoorde denkstaat vol angst, zal het kind alleen maar denken: "oh jee, ik zal toch betere leugens moeten verzinnen. Ik moet écht overtuigend zijn." Het kind is ervan overtuigd dat zijn leven in gevaar is.

Vergeet niet dat dit onbewust gedrag is. Kinderen gedragen zich onbewust zo. Kinderen gedragen zich vanuit onbewuste angst en stress. Zij handelen vanuit hun angst.

Dus als een kind je verteld dat ze dat koekje niet at, zelfs al hangen de kruimels op haar lippen, liegt ze tegen je omdat ze doodsbang is. De leugen negeren is moeilijk voor ouders, omdat het de verantwoordelijkheid terug bij ons als ouders plaatst. Wij hebben onze eigen angst-reacties als een kind liegt. Daarom moeten we onszelf kalmeren in zo'n situatie. Dan kunnen we verder met iets als "Ik hou van je, ik geef om je, en alles komt goed. Begrijp je?" Dit creëert steun voor het kind, dat in een staat van stress is.

Responsief zijn, in plaats van reactief, vermijdt een toename van stress voor het kind. Meer stress maakt de situatie alleen maar erger. Het kind zal haar hoofd vol verbazing schudden, omdat we niet tegen haar geschreeuwd, of haar geslagen hebben. Dus negeer de leugen, maar niet het kind.

Als ouder heb ik mijn kind vaak deze steun en liefde geboden - mijn kind, die mij net een leugen heeft verteld - indien nodig, kan ik even weglopen en in mijn slaapkamer even ventileren. Gedurende deze tijd kan ik kalmeren, gelijktijdig heeft dan het kind ook de tijd om te kalmeren. Een paar uur later kan ik teruggaan en zeggen: "Schat, als je tegen me liegt, doet me dat pijn. Het maakt me bang en ik wil dat je weet dat alles goed zal komen." Als ik dit doe, spreek ik op hartenniveau tegen het kind. De definitie van discipline is leren, niet straffen. Dus als ik echt wil dat mijn kind leert om niet meer te liegen, moet ik haar dit leren. Ik moet haar eerst de tijd en ruimte geven om te kalmeren van de stress, zodat ze weer helder(der) gaat denken.

Als het kind uit de stress-staat komt, wordt haar denkvermogen helderder en wordt haar korte termijn geheugen weer beschikbaar. Dat is wanneer ze in staat is om te *leren*. Natuurlijk vraagt het herhaaldelijke toepassing van deze formule voor je wezenlijke resultaten zult zien, maar het zal een enorm effect op je kind hebben als je het voor het eerst gebruikt. Ik heb een cadeautje voor je: ga naar www.postinstitute.com en download mijn e-book *"How to End Lying Now!"* Het is gratis voor jou als lezer van dit boek en ik hoop dat je het door zult geven aan vele andere ouders met die behoefte.

Sleutelpunten: In dit hoofdstuk hebben we geleerd dat kinderen liegen om andere redenen dan wat er van oudsher gedacht wordt. Deze beginselen zijn niet eenvoudig toe te passen, maar jij kunt dit!

1. Negeer de leugen, niet het kind.

2. Je adoptiekind liegt vanuit overlevingsdrang.

3. Kinderen handelen vanuit onbewuste angst en stress.

4. Gebruik een liefdevolle benadering om het gedrag te bespreken.

CHRONICLES OF B

8y: Bryan Post Illustrated By: Mark Trotter

Notities:

HOOFDSTUK 10

STELEN EN AUTO-MUTILATIE

"Responsief zijn, in plaats van reactief,
voorkomt het toevoegen van stress
voor het kind, hetgeen de situatie
alleen maar erger zou maken."

Waarom heb ik stelen en auto-mutilatie in één hoofdstuk samengevoegd? Omdat beide gedragingen verslavend zijn. Een verslaving is een uitwendige poging een inwendige staat te sussen. Het kind heeft geleerd dat het kan stelen of zichzelf kan pijnigen om zo een gevoel van voldoening te krijgen. Als een kind steelt of zichzelf snijdt, creëert het een chemische ontlading in de hersenen en het lichaam, die hem toestaat om de op dat moment benodigde opluchting te voelen. Weet wel, dit gebeurt allemaal onbewust.

Stel, een kind gaat een Wal-Mart winkel binnen en de sensorische stimulatie in zo'n grote winkel overweldigt hem. Wat doet hij dan? Hij stopt iets in zijn zak. Op het moment dat hij dat ding - wat het ook is - in zijn zak stopt, voelt dit goed voor hem en kan hij ontspannen.

Toen ik negen jaar oud was - op dat moment was ik al een volleerd diefging ik een apotheek binnen met het doel iets te stelen. Ik had niet eens een cassette speler, maar ik stond voor de cassettebandjes. Een leek mij toe te spreken: "Pak me, Bryan", en een ander "Nee, Bryan! Neem mij!" Weer een ander zei "Nee Bryan, ik ben degeen die je wilt!". Dus nam ik ze alle drie, stak ze in mijn zak en liep naar buiten. Zodra ik ze pakte, voelde het goed. Ik liep naar de hoek van de straat, stak de straat over, gooide de bandjes op de grond en liep door. Ik nam de bandjes niet omdat ik ze wilde of nodig had. Ik nam ze omdat ik het *gevoel* dat het nemen van die bandjes me gaf nodig had en dat gevoel was genoeg om tot het volgende stressvolle moment, waarbij ik ontlading nodig was, te overbruggen.

Ik werd geadopteerd toen ik ongeveer drie maanden oud was. Ik bracht wat tijd door in de pleegzorg, maar niet lang. Echter, elke tijd, ongeacht hoe lang, in pleegzorg is voor elk kind teveel tijd. Ik heb dat standpunt eens ingenomen tijdens een radio show voor de NPR in Australië. De interviewer vroeg mij waarom ik dat punt maakte, overwegende dat pleegzorg kinderen uit slechte omgevingen haalt. Ik antwoordde dat pleegzorg geen slecht iets is, maar dat het geen permanente situatie voor een kind is, hetgeen het stressvol maakt, ongeacht hoe je ernaar kijkt. Belangrijker nog, elk kind dat in pleegzorg geplaatst moet worden heeft al meer doorstaan dan welk kind dan ook op zo'n jonge leeftijd zou moeten. Daarbij komt, door de vele verhuizingen die in de pleegzorg voorkomen, dat er zelden een echte kans op heling bestaat voor het kind. In plaats daarvan wordt het trauma versterkt en begraven.

Ik zal jullie vertellen over mijn eigen pleeg-/adoptiekind. Ze kwam bij mij en mijn vrouw toen ze

18 was. Toen ik haar vond, was ze dakloos en leefde op straat. Een systeem dat de laatste 10 jaar gemiddeld $ 10.000,- per maand uitgaf aan haar zorg, had het toegestaan dat zij zichzelf uit deze zorg ontsloeg en geen enkele zorg meer ontving. Vanaf dat zij op 8-jarige leeftijd in de pleegzorg terecht kwam, tot haar 19e, had ze, behalve in gesloten behandelcentra, nooit ergens langer dan drie maanden gewoond! Je kunt mij niet wijsmaken dat pleegzorg ook maar iets behalve traumatisch voor deze jonge meid was, en dat blijkt. Het blijkt elke dag weer, als wij proberen haar te helpen helen.

Dus, als zulke vroege trauma's diefstal kunnen veroorzaken, wat kun je dan doen om je kind van het stelen af te brengen? Als eerste moet je je kind helpen ontdekken waarom hij steelt. Je zou het hem zo kunnen voorleggen: "Schat, weet je? Als je naar school gaat, kan de reden voor het stelen zijn dat je gestressed en overweldigd bent. Je bent echt bang, niet? En als je echt bang bent, wil je dingen doen die je een beter gevoel geven. Dus stop je dingen in je zakken die niet van jou zijn. Heb je daar weleens aan gedacht?" Zelfs dit kleine stukje bewustwording kan een wezenlijke invloed op het kind hebben. Als het kind iets in zijn zakken stopt, zal het denken "ik ben echt bang nu". In het begin zal hij waarschijnlijk gewoon blijven stelen, maar de bewustwording is een feit. En dat is de eerste stap.

Het tweede punt is dat we moeten begrijpen dat het stelen meestal het gevolg is van een kind dat overweldigd wordt in een bepaalde omgeving, zoals bijvoorbeeld een winkel. Het kind wordt overgestimuleerd door de hoeveelheid mensen en de drukte in die omgeving. Deze overstimulatie zorgt weer voor stress. Stelen helpt het kind om de stress te bedwingen.

Snap je waarom ik zeg dat stelen een verslaving is?

Elke vorm van ernstig gedrag is meestal voorspelbaar. Als je de tijd neemt om te zien, zul je wel zien wanneer het gebeurt, op welke momenten het gebeurt, hoe het gebeurt, en wat het voor jou betekend. Je ziet waar het kind op reageert, wat dit ernstige gedrag veroorzaakt. Deze bewustwording kan een adoptief ouder die de controle kwijt zijn heel veel kracht en moed geven.

De ware definitie van controle, trouwens, is het vermogen om het gedrag van een ander te beïnvloeden. Merk op dat het niet gaat om anderen te "overheersen", maar simpel het vermogen te *beïnvloeden*. Daniel Goleman, auteur van *Emotional Intelligence*, zegt: "de rustigere amygdala heeft het vermogen om de ontregelde amygdala te kalmeren en reguleren." De rustige amygdala van mijn vrouw heeft het vermogen om mijn gestreste amygdala te kalmeren, en jouw rustige amygdala heeft het vermogen om de gestreste amygdala van je kind te kalmeren. Je doet dit door de positieve energie die je uitstraalt.

Dus om je kind te helpen begrijpen waarom het steelt is het begin om de amygdala - het angstcentrum in de hersenen - van je kind te helpen reguleren. Het derde wat je wilt doen, is meer beheersing van de omgeving toevoegen. Je zou je kind kunnen zeggen "Als we naar de Wal-Mart gaan, houd je mijn hand vast. Ja, ik weet dat je 14 jaar bent, maar je gaat mijn hand gewoon vasthouden." Dat is beheersing, want je reduceert de stress van het kind en zijn angst in deze overstimulerende omgeving. Als het kind weigert je hand vast te houden, of in de winkelwagen te zitten (als het niet te groot is), geef het kind geen uitbrander, of dwing het. Dat voegt alleen maar meer stress toe voor jullie beiden.

Er is een verschil tussen de straffende, angst georiënteerde benadering en een liefde georiënteerde benadering om je kind je hand te laten vasthouden, of in de winkelwagen te zitten, en dat verschil zit volledig in de wijze waarop je het brengt! Eerst een voorbeeld van een straffende, angst georiënteerde benadering: "Schat, ga in de winkelwagen want ik laat je niets uit deze winkel stelen of mij te schande maken, of ons de winkel uit trappen."

Dan een voorbeeld van een liefde georiënteerde benadering: "Schat, ik weet dat je bij dit soort winkels overweldigd wordt. Daarom wil ik dat je in de winkelwagen gaat zitten, want dan kan ik je daarvoor beschermen. Zo kunnen we het allebei naar onze zin hebben. Okee?" De woorden die je gebruikt leggen de fundering voor je kind om te kunnen accepteren wat ze horen. Veel adoptiekinderen hebben nooit een liefde georiënteerde opvoeding gehad. Als zij dus bang zijn, hebben zij niets om op terug te vallen. In plaats van een bang kind een uitbrander geven, kalmeer je het, en dat is hoe je het gedrag veranderd.

Hoe staat dit allemaal in verband tot auto-mutilatie? Nogmaals, het is een poging de stress te kalmeren. De kinderen die aan auto-mutilatie doen, zijn veelal adolescente meisjes. Veel van hen hebben een borderline persoonlijkheidsstoornis en verkeren in een extreme staat van onderstimulatie.

Als je een van deze meisjes vraagt waarom ze zichzelf snijdt, zal ze waarschijnlijk zeggen: "omdat het goed voelt." Het is moeilijk voor volwassenen om dat te begrijpen. Hoe kan dat mogelijk goed voelen? Maar deze kinderen zijn verdoofd, dus als ze zichzelf snijden, voelt het kortstondig goed, omdat ze 'iets' voelen. Ze ervaren een beloning - een ontlading. Angelina Jolie sneed zichzelf en zei in een interview: "Ik sneed mezelf en keek hoe het bloed stroomde, omdat het me een roes gaf."

Kinderen die auto-mutileren hebben trauma-geschiedenis. Er zijn niet veel kinderen die zichzelf snijden en geen belangrijk trauma in het verleden hebben doorstaan. Voor veel van deze kinderen omvat dit trauma seksueel misbruik. Net als met stelen, moet je de reden voor het snijden in het bewustzijn brengen. Je zou kunnen zeggen: "Je snijdt jezelf als je je echt gestresst of bang voelt." Nogmaals, je wilt een omgeving creëren waarin het kind het trauma, dat dit gedrag veroorzaakt, kan uiten, verwerken en begrijpen.

Als je de details van het trauma kent, kun je de dialoog voor je kind vormgeven. Houd haar in je armen en vertel haar: "Toen je klein was, is dit gebeurd, en dat was heel eng voor jou. Dat is waarom je jezelf snijdt." Help haar die emotionele verbinding tot stand te brengen, zodat ze het kan verwerken en begrijpen. Dat zal haar gaan helpen een einde aan haar snij- gedrag te brengen.

Het is belangrijk dat ouders begrijpen dat het niet helpt om te zeggen: "Snij jezelf niet, dat is niet okee!" Schreeuw niet tegen haar: "Hoe kun je dat nou doen?" Dit gedrag is de enige manier waarop zij om kan gaan met stress en angst. Als je ziet dat je kind zichzelf heeft gesneden, probeer eens iets als: "Wauw, wat is er aan de hand? Wat is er gebeurd?" Want de volgende keer dat het gebeurd,

wil je zeker weten dat je er bent. Als je een reactieve, in plaats van een responsieve, wijze van reageren kiest, ervaart je kind meer stress en zal ze het gedrag voor je gaan verbergen. Dat zorgt ervoor dat je er niet voor je kind kan zijn om haar te helpen reguleren en haar gedrag te veranderen.

Het is belangrijk te begrijpen dat een auto-mutilerend kind zichzelf zal gaan snijden, als ze daartoe aangezet wordt. Het is moeilijk, maar je moet in staat zijn tegen je kind te zeggen: "Snij jezelf als dat echt moet, maar ik zou liever hebben dat je het me verteld als je die behoefte hebt. Kom bij me voor je het doet." Als je dit doet, biedt je het kind een mogelijkheid voor veiligheid en beheersing. Als je kind tijd met je doorbrengt en je biedt haar comfort en steun, zal ze kalmeren. Uiteindelijk kan de behoefte om zichzelf te snijden weggaan.

Kun je je dat voorstellen? Dat is de kracht van die onbewuste handeling naar het bewustzijn tillen. Zodra je dat doet, zal de pijn van het snijden erger worden en voelt het niet langer goed. Ze zal beginnen zichzelf te snijden en zich meer bewust zijn van wat er gebeurt.

Plotseling zal ze denken: "Ik snijd mezelf. Auw!" Ze is niet langer verdoofd.

Sleutelpunten:

Als een korte samenvatting van dit hoofdstuk zij hier een paar praktische zaken om te onthouden. Nogmaals, dit zijn geen eenvoudige principes om toe te passen, maar je kunt dit!

1. Een verslaving, zoals auto-mutilatie of stelen, is een handeling bedoelt om een gevoel te doen weggaan. Dat gevoel is ANGST.

2. Twee korte tips voor stelen:
   a. Help je kind de reden waarom hij/zij steelt te begrijpen.
   b. Verminder de stress door afkadering.

3. Creëer omgevingen waarin het kind het trauma dat de stress heeft veroorzaakt en tot het gedrag leidt kan uiten, verwerken en begrijpen.

4. Gebruik een op liefde georiënteerde benadering om het gedrag te bespreken.

Notities:

Hoofdstuk 11

AGRESSIEF GEDRAG

"Stress onderzoek laat zien dat wanneer we grote hoeveelheden stress tegenkomen, de cellen in ons lichaam feitelijk in overlevingsmodus schieten."

Zoals ik Perry eerder citeerde: "Als iemand van ons een nieuwe gebeurtenis meemaakt, ervaren we dat als een bedreiging tot het tegendeel is bewezen." Als je langs me heen loopt en ik je op dat moment niet als veilig kan bestempelen, zal ik je gelijk als bedreiging ervaren. Als ik een geadopteerd kind ben zonder het vermogen om te bepalen dat ik niet bedreigd word in wat anderen als een veilige situatie beschouwen, kan ik je slaan als je langs me loopt.

Stel, je kind is op het schoolplein. Een ander kind rent hem voorbij zonder met hem te spelen en jouw kind laat het struikelen of bijt dat kind. Begrijp dan, dat op dat moment

jouw kind niet kon inschatten dat het andere kind geen bedreiging was. Het is een impulsieve daad die te maken heeft met impuls beheersing.

Hetzelfde geld voor kinderen die dieren pijn doen. Sommige kinderen die dieren pijn doen, zijn slechts een vroeg trauma aan het herbeleven. Als het kind misbruik ervaren heeft, kan deze gruweldaad een misvormde manier zijn om dat trauma te helen. Ik kan je niet zeggen met hoeveel kinderen ik heb gewerkt die een dier uithongerden, omdat ze structureel verwaarloosd waren en onvoldoende eten gekregen hebben in het verleden.

Deze kinderen proberen hun trauma te verwerken en zijn zich niet bewust van wat ze doen. Nogmaals, mijn overtuigingen gaan in tegen de algemene opinie. Ik moedig je aan om gewoon eens een tijdje op een andere manier naar je kind te kijken. Misschien dat ook jij dan ziet dat er een ander perspectief is dan hetwelk ons is geleerd.

Een kind dat moeilijkheden heeft met anderen, vooral leeftijdsgenoten, is een kind dat op een jongere emotionele leeftijd functioneert. Hierdoor heeft het gebrekkige sociale vaardigheden. Stress onderzoek geeft aan dat als we grote hoeveelheden stress ervaren, onze lichaamscellen in overlevingsmodus gaan. In zo'n situatie kunnen we niet over een bewustzijn beschikken, omdat we ons slechts kunnen concentreren op onze eigen overleving. Dat is waarom deze kinderen geen geweten lijken te hebben,

maar dat is een grove misvatting. Als zij weer gereguleerd raken en niet langer in overlevingsmodus verkeren, zullen we zien dat ze wel degelijk een geweten hebben.

Sleutelpunten:

Agressief gedrag kan beangstigend zijn, maar ouders moeten onthouden dat dit gedrag het resultaat is van een kind dat de gebeurtenis als een bedreiging ervaart. Onthoudt:

1. Sommige kinderen die gruwelijke dingen doen, herbeleven een vroeg trauma.

2. Als het kind misbruik ervaren heeft, kan het gedrag een mislukte poging zijn om dat trauma te helen.

3. Als de lichaamscellen in overleving schieten tijdens grote hoeveelheden stress, kunnen we niet over een geweten beschikken omdat we gericht zijn op onze eigen overleving.

4. Als deze kinderen weer gereguleerd raken en niet langer in overlevingsmodus verkeren, hebben ze wel degelijk een geweten.

Notities:

Hoofdstuk 12

Wat hebben chronisch liegen, stelen, brandstichting, doden van dieren en voedsel hamsteren met elkaar gemeen?

"Ongebruikelijke opvoed methoden zijn ouders aangeleerd om deze kinderen te beheersen - Kinderen die beschreven worden als 'gestoord' of 'ongehecht'"

Elk van deze gedragingen is gerelateerd aan een psychiatrische diagnose die geestelijke gezondheid professionals landelijk al snel herkennen als Reactieve Hechtingsstoornis (RHS). Ooit een weinig bekende, zelden herkende, GZ-diagnose, RHS is de nieuwe hype in het geestelijke gezondheid werkveld.

RHS kwam zo'n 20 jaar geleden voor het eerst in beeld. Sinds die tijd heeft een groot deel van de informatie over deze aandoening een somber en vaak gevaarlijk beeld geschetst van degenen die ermee zijn gediagnosticeerd, meestal kinderen. Boeken en artikelen hebben kinderen met RHS vergeleken met seriemoordenaars, verkrachters en draaideur criminelen. Ongebruikelijke opvoedmethoden zijn ouders aangeleerd om deze kinderen onder de duim te houden, kinderen die aangeduid worden met 'gestoord' of 'ongehecht'.

Het belangrijkste uitgangspunt van RHS is dat het kind geen positieve, duurzame relaties aan kan gaan. Het RHS-kind lijkt niet in staat om sociale binding of hechting met anderen aan te gaan. Veel van hun gedrag lijkt angstaanjagend en ronduit gevaarlijk, waardoor ouders zich verafschuwd, beschuldigd en gestraft voelen door anderen. Dergelijke gedragingen omvatten verzet; frequente en intense woede-uitbarstingen; manipulatieve of controlerende patronen; weinig of geen geweten; zelfvernietiging; vernietiging aan anderen en eigendommen; voedsel opruimen of hamsteren; en preoccupatie met vuur, bloed of geweld.

De oorzaken zijn gecompliceerd. Over het algemeen, elk trauma dat optreedt tussen de conceptie en de eerste vijf levensjaren kan potentieel hechtingsuitdagingen veroorzaken. Enkele voorbeelden zijn lichamelijk of seksueel misbruik, verwaarlozing, ouderlijke depressie, vroeggeboorte, geboorte trauma, huiselijk geweld of regelmatige verhuizingen. Deze kunnen allen bijdragen aan het onvermogen van het kind om hechting aan te gaan. Zulke gebeurtenissen beïnvloeden het vermogen van het kind om stress en angst te verdragen, en stellen hem of haar bloot aan voortdurende staat van angst. Uiteindelijk leidt deze constante angst tot een gebrek aan vertrouwen in anderen, zelfs na jaren van gedegen zorg.

Maar zoals ik eerder zei: als deze kinderen weer gereguleerd raken en niet langer in overlevingsmodus staan, zullen we zien dat ze anderen ook beter kunnen vertrouwen.

We horen veel over hechtingsstoornis, een diagnose die aan vele adoptiekinderen gegeven wordt. Zo lang het kind in stress of angst verkeert, kan het geen hechting ontwikkelen. Zo lang de ouders in stress of angst verkeren, kunnen zij ook niet met het kind binden. Kennel en Klaus, de baanbrekende gehechtheidskinderartsen, zeggen: "Hechting is het gedrag van het kind naar de ouder en binding is het gedrag van de ouder naar het kind."

We praten zoveel over hechtingsstoornis, zonder ons te realiseren dat het probleem ook een bindingsstoornis kan zijn. Hechting en binding zijn twee-richtingen verkeer. We kunnen ons niet concentreren op het vermogen van het kind om te hechten, zonder ook te concentreren op het vermogen van de ouder om te binden. Want, als de ouder een geschiedenis van trauma heeft, zal hij/zij ook een gebrekkig vermogen om te binden hebben. Veel ouders groeiden op met ouders die verstoorde hechtingsvermogens hadden, dus hun eigen ouders stonden ook bloot aan deregulatie, waardoor het moeilijk was om hun kind's oxytocine-respons te activeren. Als deze kinderen volwassen en zelf ouder worden, worstelen ze om een gezonde hechting en regulatie te creëren. Daardoor belemmeren zij onbedoeld een gezonde oxytocine-respons in hun eigen kinderen. Al deze kwesties creëren negatieve neurofysiologische cirkels.

Sleutelpunten:

In dit hoofdstuk hebben we geleerd over Reactieve Hechtingsstoornis (RHS). Onthoud dat, zolang een kind in staat van stress of angst verkeert, geen hechting kan aangaan. Op hun beurt kunnen ouders, in dezelfde staten verkerend, niet met het kind binden.

Hier zijn de sleutelpunten om te onthouden als het gaat om kinderen met de diagnose RHS:

1. Het belangrijkste uitgangspunt van RHS is dat het kind geen positieve, duurzame relaties aan kan gaan.

2. Elk trauma tussen de conceptie en de eerste vijf levensjaren kan een potentieel creëren voor hechtingsuitdagingen.

3. Uiteindelijk leidt deze constante angst tot een onvermogen om anderen te vertrouwen, zelfs na jaren gedegen zorg.

4. Als deze kinderen gereguleerd raken en niet langer in overlevingsmodus verkeren, zullen we zien dat ze anderen best kunnen vertrouwen.

Notities:

Hoofdstuk 13

FEEDBACK LUSSEN

> "Hoe langer de ouder zichzelf
> kan beheersen, en de feedback lus
> verandert in een positieve,
> des te waarschijnlijker wordt
> liefde gewonnen."

De meest significante regulatie figuur in de omgeving van een adoptiekind is de ouderfiguur. Deze persoon kan een pleegouder, een dagelijkse zorg medewerker, grootouder, docent of buschauffeur zijn. Het maakt niet uit wie deze persoon is. De persoon die het kind de meest gereguleerde ervaring geeft, is de ouderfiguur. Volgens het Stress Model™ "Ouderlijke regulering is uiteindelijk de belangrijkste factor in de ontwikkeling van succesvol onafhankelijk regulerend functioneren bij kinderen". Niets maakt zo'n onderscheid als een gereguleerde ouder. De eigen staat van regulatie van de ouder helpt om het kind van disregulatie naar regulatie te brengen.

Wat we moeten begrijpen, is dat het allemaal draait om de benadering die we kiezen. Het is hoe we onze kinderen betrekken, hoe we ze opvoeden en hoe we ze laten begrijpen. Het is de ritmische relatie van het gezin. Het Stress ModelTM zegt dat familieleden verbonden zijn via een ingewikkeld ritmisch proces dat bekend staat als entrainment. De term *entrainment* komt uit de muziekwereld en gaat over vibratie-patronen. De wijze waarop wij communiceren, is middels vibratie.

Entrainment is het proces van fysiologische uitlijning die plaatsvindt via de sensorische paden. We ervaren entrainment dus met al onze zintuigen. De voortdurende sensorische betrokkenheid en activering van familieleden wordt een ingebed patroon van interactie en reactie op elkaars fysiologische reacties, resulterend in de ritmische relatie van het gezin, en ik noem dit het geheime leven van het gezin. Dat alles is een wetenschappelijke manier om te zeggen: "als mama niet blij is, is niemand blij".

Als één gezinslid ontregeld is, is ieder gezinslid ontregeld, want gezinnen zijn verbonden middels hun fysiologie. Als je een kind adopteert, raken jij en dat kind fysiologisch verbonden na verloop van tijd, en dat is waarom het kind van streek raakt als jij van streek bent. Aanvullend is dit kind van nature gevoeliger dan anderen, vanwege haar vroege trauma. Deze kinderen kunnen jou lezen, omdat hun brein jou *moet* lezen. Vanuit overleving neemt de amygdala van het kind jouw fysiologie waar.

Als ik met gezinnen werk, moet ik beginnen met de ouders helpen in te zien dat zij net zo integraal aan de behandeling zijn als het kind. Ik moet de ouders helpen begrijpen dat zij voorbij het cognitieve niveau moeten gaan naar het niveau waar het trauma zich bevindt.

Drie dingen die elke ouder moet vermijden als je met deze kinderen werkt zijn: angst, bedreiging en isolering. De reden is een dynamiek genaamd "negatieve feedback lus". Als we met elkaar communiceren, creëren we een feedback lus. Die lus kan positief of negatief zijn, en we kunnen ofwel de feedback lus versterken, ofwel deze veranderen. Maar, hoe ziet zo'n negatieve feedback lus eruit? Hier is een scenario:

Ouder: "Zet de vuilnis buiten."

Kind: "Nee, dat doe ik niet". Een feedback lus is hier tot stand gekomen. Ouder: "Ik zei: zet de vuilnis buiten!" En de lus wordt sterker.
Kind: "Nee, ik doe het niet!"

Ouder: "Je gaat het doen, omdat ik het zeg!" Kind: "Het kan me niet schelen wat je zegt!"
Ouder: "Sla niet zo'n toon tegen me aan!" Kind: "Ik sla elke toon aan die ik wil!"
Ouder: "Wacht maar tot je vader thuiskomt, dan zien we weleens verder!"

Dat is pure angst in de omgeving, en een klassieke negatieve neurofysiologische feedback lus. Bootcamp tactieken, jumping jacks, overmatige klusjes, isolatie, gedragsmodificatie, geld en omkoping, sticker kaarten, speelgoed en reisjes, logica en redeneergevolgen, slaan, schreeuwen, keuzes en uitgestelde straf zijn alle cognitieve gedragstheoretische opvoedmiddelen. Deze omvatten 95% van de tactieken die we gebruiken voor kinderen, maar alleen spreken alleen het gedrag en wat er aan de oppervlakte zichtbaar is aan. Ze spreken niet tot het primitieve niveau, en ze zijn alle gebaseerd op angst. Ze hebben alle een element van bedreiging en

isolatie, en ze creëren alle, in plaats van onderbreken of veranderen, een negatieve neurofysiologische feedback lus.

Dus, hoe kunnen we een positieve feedback lus creëren? Hier is een voorbeeld:

Ouder: "Schat, wil je de vuilnis even buiten zetten?" Kind: "Nee, dat doe ik niet!"
Ouder (vanuit responsieve, ipv reactieve benadering): "Hey, wat is er aan de hand?"

Kind: "Het kan me niet schelen wat je me zegt." Ouder: "Iets moet je wel heel erg dwars zitten." Kind: "Er zit me niets dwars."
Ouder: "Nou, als je niets dwars zit, zou je niet zo tegen me spreken. Je zou kalmer zijn en de vuilnis buiten zetten."

Is dat niet machtig? Wat er in dit scenario gebeurd, is dat de ouder gereguleerd is gebleven en de negatieve feedback lus van het kind begrenst heeft. Dat is de kracht van feedback lussen. Zo lang één persoon beheerst blijft, kan hij de negatieve houding van de ander beheersen. Op deze manier kan de negativiteit niet toenemen. Heb je het weleens meegemaakt met iemand die boos was, dat je die persoon kon kalmeren omdat je zelf in een goede bui was? Dat is de kracht van jouw fysiologie.

Hoe langer de ouder zichzelf kan beheersen, en de feedback lus verandert in een positieve, des te waarschijnlijker wordt liefde gewonnen.

Hierna geef ik je een aantal specifieke technieken die je direct toe kunt passen.

Sleutelpunten:

We hebben ze allemaal gezien en gehoord, maar waarschijnlijk nooit volledig begrepen hoe een feedback lus werkt, tot nu. Je vermogen om je kind te helpen zichzelf te beheersen en het herkennen van feedback lussen zal een wezenlijke invloed op het gedrag van je kind hebben.

1. Gezinnen hebben een ritmische verbinding met elkaar.

2. Als een gezinslid ontregeld is, is elk gezinslid ontregeld.

3. Je mag nooit angst, bedreiging of isolatie gebruiken als je uitdagend gedrag wilt bespreken, want daarmee creëer je een negatieve feedback lus die resulteert in een totale ontregeling van het gezin.

4. Er is maar één stabiele, beheerste persoon nodig om een negatieve feedback lus te beteugelen. Als één ouder ontregeld is, en één is enigszins beheerst, moet de beheerste ouder het kind aanspreken.

Notities:

Hoofdstuk 14

DE DRIE-FASEN INTERVENTIE

"Zodra je het kind toestemming
geeft om je precies te laten
weten hoe het zich voelt,
zal het beginnen te reguleren."

Een van de specifieke middelen en technieken die ik onderwijs om positieve feedback lussen te creëren heet de Drie-Fasen Interventie. Het bestaat uit Reflecteer-Relateer-Reguleer.

Zo lang een kind niet het risico loopt zichzelf of een ander iets aan te doen, is het eerste wat een ouder moet doen: stoppen en nadenken. Wat iemand nodig is voor reflectie verschilt van persoon tot persoon, maar meestal stel ik voor om tien keer diep adem te halen. Sommige ouders moeten misschien even op het bed of de bank gaan zitten, of misschien zelfs even gaan liggen. Zodra een ouder begint na te denken (reflecteren), begint hij de omgeving te reguleren.

Haal diep adem, en vraag jezelf af hoe je je voelt. Maak contact met je angst. Erken dat je je angstig voelt. Maak contact met de gevoelens van je lichaam. Je zult beginnen jezelf te beheersen en, daaropvolgend, de omgeving te reguleren en veranderen.

Wat als je kind een woede uitbarsting heeft en op de vloer ligt te spartelen? Een moeder e-mailde me ooit en zei: "Elke avond maakt mijn kind een drama van haar bad. Ze draaft door op de vloer, schoppen en schreeuwen gedurende 45 minuten. Uiteindelijk leg ik haar in de klem. Ik hou haar daar gedurende 45 minuten, tot ze uiteindelijk kalmeert. Daarna staan we op en gaan we de badkamer in. Maar zodra ze de badkuip ziet, explodeert ze opnieuw. Ditmaal accepteer ik het niet. Zelfs als ik mijn kleren aan heb, ga ik die badkuip met haar in. Ik hou haar daar en was haar, zelfs als het water overal heen vliegt. Daarna vallen we beiden uitgeput op de vloer! En zelfs na dat alles, gaat ze niet slapen."

Weet je nog, dat ernstige gedragingen normaliter voorspelbaar zijn. Dit kind was aan het worstelen, maar het leek me ook dat de ouder worstelende was. Waarom zou de ouder op het kind willen liggen? Ik e- mailde deze moeder dus en zei: "Dit is wat ik wil dat je doet. De volgende keer dat je dochter ontploft als je haar badtijd noemt, wil ik dat je op het bed gaat zitten. Gewoon zitten en adem halen, vraag jezelf hoe *jij* je voelt. Doe niets anders. Zit enkel op het bed. Dan, e-mail me terug."

Deze moeder e-mailde meteen terug en zei dat ze niet dacht dat wat ik schreef haar een degelijk therapeutisch advies leek. (ze was al meer dan 30 jaar een relatie en gezinstherapeut.) Ik schreef terug en zei: "je vroeg om mijn advies, dus probeer het eens." Een paar avonden later belde deze moeder me. "Ik ging naar mijn dochter en noemde badtijd, en ze flipte", vertelde ze me. "Maar dit keer, in plaats van bovenop haar springen zoals ik normaal doe, ging ik op het bed zitten. Ik voelde me een volslagen idioot, zo op het bed zittend terwijl mijn kleine meisje op de grond lag te schoppen en schreeuwen. Maar binnen tien seconden stopte ze met wat ze deed, klom op mijn schoot alsof ze een knuffel kwam halen en zich had gerealiseerd wat ze had gedaan. Vervolgens nam ze een bad. Ik viel bijna om van verbazing!" Het was het einde van hun badtijd problemen.

Een andere moeder hoorde me dit verhaal vertellen in een lezing en probeerde het bij haar negenjarige geadopteerde dochter die constant het gevecht aanging als ze moest douchen. Deze moeder zei: "in plaats van te proberen mijn dochter te dwingen, zoals gewoonlijk, zei ik: 'schat, weet je wat? Ik weet dat je bang bent voor de douche. Laat het me weten als je iets nodig bent, dan kom ik gelijk'."Haar dochter ging douchen na jaren geworsteld te hebben met dit probleem! Haar dochter riep haar echter. Het ene moment was de zeep gevallen, het andere was het water te heet, dan weer te koud. Gewoonlijk raakte de moeder geïrriteerd door dit gedrag,maar ditmaal was ze vastbesloten kalm te blijven. De moeder bleef bij haar dochter gedurende het douchen en het ging goed.

Na de douche zei ze tegen haar dochter: "Schat, kom eens even bij me op de bank zitten. Dat was de beste douche die we in een lange tijd gehad hebben. Wat maakt jou zo bang voor de douche?" (Ze gaf toe dat ze haar dochter deze vraag nooit eerder gesteld had.) Haar dochter gaf een verontrustend antwoord: "Nou mam, de jongen die me seksueel misbruikte dwong me om met hem te douchen". Weet je wat moeder met dat inzicht deed? Ze zei: "Je hoeft niet meer te douchen. Je mag in bad." Haar dochter ging zonder problemen in bad. Zes maanden later was de kleine meid in staat te douchen.

Dus, *reflecteer* eerst om jezelf te kalmeren, en vraag jezelf hoe *jij* je op dat moment voelt. Haal 3-10 keer diep adem. Adem in door je neus en adem uit door je mond. Leg contact met je eigen angst. Ik noem deze fase meestal 'Letting Go'... en 'Letting God". Dan, *relateer* met je kind. Je kunt zelfs tegen het kind zeggen: "Ik ben best bang nu. Vertel me eens hoe jij je voelt?" Vertel het kind hoe jij je voelt voor je hem vraagt hoe hij zich voelt. Anders zou hij je als een bedreiging kunnen opvatten. Door deze stappen te volgen, begin je jezelf, je kind en de omgeving te *reguleren*. Deze stappen zijn hetzelfde, ongeacht of de vader of de moeder betrokken is. Reflecteer- Relateer- Reguleer!

Wat als je kind volhoudt dat ze boos is, in plaats van bang? Dit is een belangrijk punt, omdat je haar moet valideren waar ze is in het moment, in plaats van te proberen haar te overtuigen dat ze bang is. Het is belangrijker dat *jij* haar angst ziet, dan dat zij het direct ziet. Het is belangrijker dat jij door haar boosheid heen de onderliggende angst ziet, want dat helpt jou om je eigen kalmte te bewaren. Wat gebeurt er meestal als iemand zijn boosheid naar je uit? Je wordt angstig en dat roept een bepaalde boze reactie bij je op, niet?

Stel, bijvoorbeeld, dat je tegen je kind zegt: "ik ben best bang, hoe voel jij je?" En je kind zegt: "ik ben boos!" Dan kun je zeggen: "Als je boos bent, vertel me erover. Schreeuw het uit! Kom maar op!" Je weet hoe beangstigend schreeuwen is in onze samenleving. Elke uiting van emotie beangstigd ons. We zeggen: "Niet doen! Sssst!" Onze impuls is om het onmiddellijk de kop in te drukken. Zodra je het kind toestemming geeft om jou precies te vertellen hoe het zich voelt, zal het beginnen te kalmeren. Wederom: Reflecteer-Relateer-Reguleer.

Sleutelpunten:

Je zult verbaasd zijn hoe krachtig de Drie-Fasen Interventie kan zijn.
Onthoud:

1. Het eerste wat een ouder moet doen is stoppen en Reflecteren. Haal 3-10 keer diep adem en vraag jezelf eerst af hoe jij je voelt. Verbind met je eigen angst. 'Let go and let God'.

2. Dan relateer je aan je kind. Vertel het kind hoe je je voelt en vraag je kind hoe hij of zij zich voelt.

3. Deze stappen zullen jullie beiden Reguleren!

4. Doe het volgende om een POSITIEVE feedback lus te creëren tijdens de chaos:

   a. Reflecteer

   b. Relateer

   c. Reguleer

Notities:

Hoofdstuk 15

Genezing GebeurtThuis

"Bisschop T.D. Jakes zegt: 'Als je altijd doet
wat je altijd deed, zul je altijd daar zijn waar
je al was!'"

Therapie is niet waar genezing plaatsvindt. Het thuis is
waar genezing gebeurt. De therapeut moet niet de
katalysator zijn voor verandering. De therapeut moet de
ouders helpen de katalysator te worden voor verandering
voor het kind. Creëer dus een therapeutische omgeving
voor je kind.

In mijn therapie model wil ik ouders onderrichten,
hen helpen te begrijpen, bewust te worden, inzicht te
verkrijgen en een omgeving voor hun kinderen te
creëren om te begrijpen, bewust te worden en inzicht te
krijgen.

In een van zijn lezingen zei Bruce Perry: "We
hebben geleerd dat het binnenstappen van het kantoor
van de therapeut het signaal voor het kind was om in
het cognitieve niveau van het brein te gaan." Waarom?
Omdat het kantoor van de therapeut rustiger en veiliger
is dan thuis. Daar is het kind veelal stressvrij en

daardoor dus niet in het primitieve brein. Echter, als het kind het kantoor van de therapeut verlaat, gaat het terug in het primitieve brein en zet het gedrag zich voort.

Mindfulness

Mindfulness is het vermogen voldoende gas terug te nemen om je eigen gedachten, gevoelens, opvattingen en gedragingen te kunnen waarnemen. Het is bijna alsof je buiten jezelf treedt om jezelf te observeren. Middels mindfulness maak je het onbewuste bewust. Een uitstekende bron voor opvoeden met mindfulness is *Everyday Blessings* van Myla en Jon Kabat- Zinn. Ik beveel dit boek van harte aan aan ouders en professionals.

Ik noem mindfulness als een van de belangrijkste middelen voor een ouder om zijn eigen rust en kalmte te bewaren, en dus hun kinderen beter te kunnen beïnvloeden en opvoeden. Om je te helpen begrijpen wat mindfulness is, en hoe dit toe te passen, zal ik je wat verhalen en invalshoeken van andere ouders geven die je kunnen helpen om op je eigen manier mindfulness in praktijk te brengen.

Volgens Dr. Jon Kabat-Zinn, een van de meest vooraanstaande mindfulness onderzoekers, "betekent mindfulness het opletten op een bepaalde specifieke manier; opzettelijk, in het nu en zonder oordeel." Simpel, elegant en betekenisvol. Laten we dit als beginpunt gebruiken.

Ik bied je mijn eigen mindfulness recept om je te helpen in het nu te treden, hetwelk het beste punt is om vanuit op te voeden, met mijn *3 Steps to Peace: Fostering Love in the Midst of Fear*. Als je je weer eens ontregeld voelt door het gedrag van je kind, probeer de 3R-en eens: 3 Stappen naar Rust:

1) REFLECTEER: Stop en haal 3-5 keer diep adem en vraag jezelf af hoe jij je voelt?

2) RELATEER: Accepteer je gevoelens als OK (wat ze ook mogen zijn - niet veroordelend). Zeg tegen je kind: "Ik voel me (vul de blanco in). Hoe voel jij je?"

3) REGULEER: Zoek en begrijp. Hoor niet alleen, maar luister naar wat er gezegd wordt, en naar wat er *niet* gezegd wordt. Blijf ademhalen en reguleren. Regulatie, alsof liefde vanzelf komt.

Hierna een kort scenario van een ouder die, door mindful te zijn, in staat was weg te lopen van een potentiële ouder meltdown. Merk de specifieke beschrijvingen en sensaties op waarvan deze ouder mindful is:

"Mijn beide kinderen zijn in de keuken bij me. Ik had ze gevraagd te stoppen met ruziemaken met elkaar, maar ze blijven doorgaan. Plotseling voel ik hoe ik het warm krijg; mijn temperatuur loopt op. Ik had een onregelmatige ademhaling. Ik voel me heet en toch ook een toenemende kou dwars door mijn lijf van mijn taille naar mijn keel. Daar verzamelt het zich. Mijn hoofd is heet, mijn hart is koud. Het geluid, de ruzies, het weerwoord, ze smelten allemaal samen. Mijn hartslag versnelt en een soort grom begint me te vullen en ik grom als een beer. Als dit gebeurt, ben ik gelijktijdig in mijn lichaam en kijk ik toe. Het was verbluffend. Op dat moment wist ik dat ik weg moest lopen en het laten passeren."

\- Robert Sardello, *Freeing the Soul from Fear*

Mindfulness-auteur Shamish Alidina heeft een bruikbaar advies voor mindful opvoeden:

"Ik denk dat opvoeden de moeilijkste, meest stressvolle, belangrijkste en waarschijnlijk meest voldoening gevende verantwoordelijkheid ter wereld is. Een goede ouder moet niet alleen het kind verzorgen met voedsel, onderdak en kleding, maar ook het brein van het kind helpen ontwikkelen. Je gedrag als ouder reflecteert vaak hoe je eigen ouders waren, zelfs als je op bepaalde vlakken wilt veranderen en verbeteren. Echter, eindigen ouders vaak in het herhalen van de cirkels op subtiele manieren, daarmee de onbehulpzame gedragingen doorgevend. Gelukkig kan mindful opvoeden helpen om die cirkels te doorbreken en bereikbaar te zijn voor je kinderen. Hoe kan mindfulness helpen bij de opvoeding? Mindful ouders zijn zich bewust en alert van hun handelingen en de handelingen van hun kinderen. Dit is enorm belangrijk voor het opvoeden van een kind. Kinderen verlangen aandacht. Voor kinderen is aandacht als liefde. Als ze niet voldoende aandacht krijgen, zullen ze zich misdragen tot ze die aandacht krijgen - zelfs afwijzing geniet de voorkeur ten opzichte van negeren."

- Shamish Alidina, *Mindfulness for Dummies*

Scott Rogers stelt in zijn boek *Mindful Parenting* dat het niet over het opvoeden van je kind gaat, het gaat over jou en mij: *"Als we mindful zijn, zien we wat er voor ons is; als we het niet zijn, zien we wat er in ons hoofd is."* Een reden, zegt Rogers, dat tijd zo snel voorbij lijkt te gaan, is dat we ons niet bewust zijn van het moment als het gebeurt. Dit is waar ik het over heb als ik zeg dat stress ons ertoe drijft te "reageren vanuit het verleden, obsederen over de toekomst en het heden te missen. En als je uit het heden bent, ben je niet langer *hier*". Je zou kunnen zeggen dat hoe meer stress we hebben, hoe korter onze levens zijn - fysiek, door de schade die stress toebrengt aan het lichaam, geestelijk en door niet aanwezig te zijn.

Hoe ouder onze kinderen krijgen, zoveel uitdagender het lijkt om hun gedrag toe te staan en te accepteren. Dit wil niet zeggen, aanmoedigen, maar gewoon accepteren en toelaten in het moment zoals het zich voordoet om ermee om te gaan. Naarmate de kinderen groter en beangstigender worden en luidere en meer onaangename woorden en taal beginnen te gebruiken die meer angst in ons opwekken, lijkt het gemakkelijker om "het te verliezen", om te reageren in plaats van te responderen en in een negatieve feedback lus te komen.

Als onze middelen op raken, raakt onze energie uitgeput, we raken uitgeput en leeggezogen met niets resterend, we pakken dan onze grootste wapens - en dat verschilt van gezin tot gezin. Bij kinderen die van harde plaatsen komen, hoe meer we ze proberen te beheersen en te domineren, hoe erger het kan worden, en hoe groter de kans dat we variaties horen van "Je kunt me niet dwingen - neem alles weg wat ik heb, MIJ EEN ZORG!" Wat meestal daarna volgt is niet fraai.

Ouders lopen het risico om fysiek, mentaal en hormonaal uitgeput te raken met deze kinderen. Alles kan een strijd worden. Ze kunnen zich voelen als gevangenen in hun eigen huis, en dat ze altijd op eieren lopen, onzeker wat hun kind nu weer zal doen ontbranden. Wanneer de spanning door het dak gaat, kunnen we er klaar voor zijn - brein, lichaam en geest. We moeten echter oefenen. Rogers gebruikt de analogie van afwassen. Hij zegt: "je kunt de afwas doen om de vaat schoon te maken, of eenvoudigweg 'afwassen'. Als je aan een miljoen andere dingen denkt tijdens het afwassen, of gewoonweg nadenkt, ben je niet aanwezig, niet mindful. Als je gewoon "afwast", ben je je bewust van het gevoel van schuimend water en de spons over een glad oppervlak. Je hoort de piep van de vaat onder je spons. Je gedachten zijn niet bij het verleden of de toekomst. *Je bent in het moment.* Je bent hier. Oefen en herhaal." Er zijn duizenden momenten in een dag die ons meer te bieden hebben dan wij opmerken.

Dus de volgende keer dat je tiener zegt: "Toe maar - HET KAN ME NIET SCHELEN", en jij mindful aanwezig kunt zijn in plaats van reactief en dominerend, zou je in staat kunnen zijn om te reageren en iets als "wauw, je klinkt enorm gefrustreerd. Waarom gaan we niet een balletje trappen?" te zeggen.

Een van onze ouders vond met mindfulness haar manier om haar angsten te beheersen en vond een oplossing voor sommige van haar ouderschapsdilemma's. Denk aan dit voorbeeld als je de volgende keer je stress-niveau voelt stijgen als je kind ontregeld is. Gebruik mindfulness om je eigen manier voor je ouderschapsuitdagingen te vinden en je zult manieren vinden om als nooit tevoren van je kind te houden.

Ouder Angelique Miller stelt een sleutelvraag: "Mag ik ook spelen?"

"Het gaat eigenlijk alleen maar om gereguleerd blijven, aanwezig blijven en echt contact maken met mijn kinderen. Alleen dan kan ik ze echt positief beïnvloeden. Maar soms klinken die woorden zo luchtig en vaag, toch?" "Ja, maar wat betekend dat?? Hoe ziet dat eruit?" Hier is een voorbeeld van hoe het eruit kan zien.

Onze twee kinderen kunnen samen soms enorm ontregeld raken. Het lijkt alsof ze aan het spelen zijn, maar het is veel te ruw. Als we ze laten gaan, escaleert het normaal al snel in één van hen met pijn en/of iets gebroken, hetgeen het vuur voor ontregeling aanwakkert omdat de ander zich schuldig voelt. Mijn man en ik worden normaliter bang als we dit ruwe spel zien en willen het zo snel mogelijk afkappen. Met geen mogelijkheid krijgen we ze in een stoel of iets anders dat we vragen, als ze zo zijn, waardoor we dus zo bang worden. Het lijkt een oncontroleerbare situatie en volledig buiten onze macht, of zo voelt het.

Recentelijk voelde ik me behoorlijk stabiel toen het weer gebeurde, ik liet het moet-het-afkappen-gebvoel varen en wandelde nonchalant naar ze toe, hopend op een briljante ingeving. Hoewel ik het niet bewust plande, probeerde ik me aanwezig in het nu te voelen. Nou, het werkte, want ik stond daar naar de kids worstelend in bed te kijken, verwachtte dat ik boos zou worden, maar verbaasd toen ik mezelf hoorde zeggen: "Hey, mag ik ook meedoen?" Na een pauze van een fractie, klonk het in stereo: "JA!" En hun boze houding veranderde direct in vreugde. Ik weet niet waarom, maar ik verwachte die reactie totaal niet. Ik verwachte iets met krachttermen… Maar goed, ik hoefde me fysiek niet uit te sloven om te spelen, speelde alleen een beetje met kietelende vingers, doe alsof, enzovoort, en toen binnen ongeveer negentig seconden voelde ik dat ik in staat was om een kalmere activiteit te suggereren (of misschien besloot een van hen spontaan ergens anders heen te gaan, kan het me niet herinneren nu ik deze "techniek" meerdere keren heb toegepast).

Enfin, ik ben zo blij dat ik dit bedacht heb! Die oude paniek is zo direct dat ik soms dit idee vergeet, maar als ik het toepas, is het een fantastische manier om hun ontregeling te hanteren. Het blijkt dat ze me gesmeekt hebben om ze te helpen kalmeren, maar ik was zo gevangen in mijn eigen angst dat ik niet begreep wat ze werkelijk zeiden."

Ik heb met een ouder gewerkt die les gaf op de school van haar vierjarige. Als het tijd was voor het middageten, wilde haar zoon niet naar de kantine. Zijn moeder vroeg: "Waarom schatje? Je gaat alleen maar je broodje eten." "Omdat het daar eng is, mama" zei hij. Wat een nieuwe bewustwording voor zijn moeder! Nu kon ze zeggen: "Weet je wat schat, je hoeft niet. Ik loop met je mee." Die bewustwording is machtig!

Hier zijn wat technieken die je thuis kunt gebruiken die het helingsproces zullen helpen:

Time-in in plaats van Time-out

Naar mijn mening zuigt, time-out, je kind's emotionele stabiliteit leeg! Daarom suggereer ik ouders om geen time-out toe te passen, maar in plaats daarvan time- *in*. Time-out is afkomstig van het oude model. Weet je nog dat handelen zonder begrip je alleen maar terug naar duisternis leidt. Time-out is afkomstig van een overtuiging dat kinderen zich misdragen omdat ze aandacht willen. Als een kind zich misdraagt voor aandacht, hoe voel jij je dan? Het geeft je een gevoel van stress. Dus zeg je: "Ga daar in de time-out zitten en denk na over je gedrag."

Als het kind zich misdraagt "voor" aandacht, wil je het kind niet belonen, dus geef je het kind een "time-out" om na te denken over het negatieve gedrag. De overtuiging is dat het kind de volgende keer een betere keuze maakt.

Overwegende dat onderwijzers en professionals nog steeds leren en schrijven over deze techniek als ware het een "nieuwe" alternatieve gedrag disciplinaire methode, laten we de vraag stellen: wat maakt een time-out anders dan met je neus in de hoek staan, of verplicht op de stoute stoel zitten? Kan iemand me alsjeblieft het verschil uitleggen?

Bisschop T.D. Jakes zegt: "Als je altijd doet wat je altijd deed, zul je altijd daar zijn waar je al was!" Als de ezel-stoel of met je neus in de hoek niet werkte toen we kinderen waren, waarom denken we dat het nu gaat werken door het simpelweg te verkleden als iets ogenschijnlijk eigentijdser? Misschien omdat werkt het bij een tweejarige en misschien ook nog wel bij een vijfjarige, zijn we voldoende positief bevestigd om te geloven dat we succesvol zijn. Maar heb je hier weleens aan gedacht: Heb je de nieuwe King Kong gezien? Nou, voor een tweejarige ziet een volwassene er net zo uit als King Kong er voor het blondje uitzag: een enorme reus. Zou jij niet ook twee of drie minuten op die stoel gaan zitten als King Kong je dat zei te doen?

Time-out erkent de ontwikkelings- en regulatie-worstelingen die kinderen in hun gedrag laten zien niet. Denk nu eens dat een kind zich niet misdraagt "voor" aandacht, maar omdat ze aandacht "nodig heeft". Lees die zin nog maar een keer, het kan allesbepalend zijn.

In plaats van het kind weg te sturen naar een stoel of af te zonderen, haal het kind een tijdje dichter bij je. Laat het naast je zitten, je hand vasthouden, of naast je staan. Zeg tegen het kind: "Als je je beter voelt, kun je weer gaan spelen." Met andere woorden, laat het kind bepalen hoeveel time-in het nodig heeft.

Hier is een belangrijk punt: het is niet noodzakelijk dat je het kind aanraakt gedurende deze tijd. Een kind dat niet aangeraakt wil worden of gewelddadig reageert, moet niet aangeraakt worden. Op dat moment is het kind in overlevingsmodus en voelt het zich bedreigd. Houd je afstand, maar bevestig je aanwezigheid en dat je blijft tot het kind zich veiliger voelt.

In mijn ervaring, 95% van de tijd, zullen kinderen langer in de *time-in* blijven dan ze in de *time-out* zullen blijven. Een ouder die haar zevenjarige zeven minuten time-out had gegeven, probeerde de time-in. Ze zei: "Mijn dochter zat 45 minuten naast me. Ik kon het niet geloven!"

Onthoud dit goed: Time-in, onderdeel van het nieuwe model, komt van begrijpen dat kinderen zich niet misdragen voor aandacht. Kinderen misdragen zich omdat ze aandacht *nodig* zijn. Dat is machtig! Time-in kan een effectief alternatief voor de time-out zijn. Het leert ons compassie, regulatie en begrip.

Afkadering

Afkadering is een uitgebreide vorm van time-in. Het bevat het verkleinen van de ruimte waarin het kind zich bedreigd voelt. Je kunt dit doen door de kinderen overdag te verbieden naar boven te gaan. Sluit deuren en creëer een ruimte in de woonkamer, of een andere kamer, die meer regulatie voor de kinderen mogelijk maakt. Zolang ze dicht bij je zijn en je kunnen zien, voelen ze zich meer gereguleerd. Als ze zich meer gereguleerd voelen, zullen ze minder snel in de problemen raken.

Genegenheid recept

Het genegenheid recept bestaat uit het concept van tien-twintig-tien. Geef je kind 's ochtends gelijk 10 minuten quality time en interactie. Breng eenvoudigweg tijd met je kind door, sla je arm om haar heen, praat zacht tegen haar (ik geef de voorkeur aan niet praten), neem je kind op schoot en wieg haar of neurie tegen haar. Dan, direct na school, of als je thuiskomt van je werk, ga met haar op de bank zitten gedurende 20 minuten. Vraag naar haar dag. Besteed 20 minuten ononderbroken, onverdeelde aandacht. Dan, besteedt 's avonds nog eens 10 minuten aan haar.

Maar als je acht kinderen hebt, heb je geen tijd om Tien-Twintig-Tien te doen. Je moet misschien Twee-Vier-Twee doen. Maar onze kinderen zijn hongerig naar kwaliteitsinteractie met ons. Enkele jaren geleden rapporteerde een nieuwsblad dat het nationaal gemiddelde van ouder-kind kwaliteitsinteractie was 10-13 minuten per dag. Als je het genegenheidsrecept volgt, verviervoudig je het nationaal gemiddelde. Als je een chronisch gestrest en bang adoptiekind hebt, spendeer je waarschijnlijk steeds minder tijd met het kind, omdat het op je zenuwen werkt.

Maar hoe meer tijd je spendeert, hoe meer je het kind helpt te reguleren en hoe minder het kind op je zenuwen zal werken. Tien-Twintig-Tien kan een wezenlijk verschil maken.

Sleutelpunten:

In dit hoofdstuk leerde je krachtige voorschriften voor het omgaan met het gedrag van je kind.

1. GEBRUIK time-*in* in plaats van time-*out*.

2. Door afkadering, verklein je de ruimte in welke je kind zich bedreigd voelt.

3. Gebruik het Tien-Twintig-Tien affectie voorschrift.

4. Onthoud dat mindfulness het vermogen is voldoende gas terug te nemen om je eigen gedachten en gedrag te observeren.

5. En het belangrijkste: onthoud dat thuis is waar de heling gebeurt.

By: Bryan Post Illustrated By: Mark Trotter

Notities:

Hoofdstuk 16

GEEN CONCLUSIE, MAAR EENBEGIN

Dit boek is hoofdzakelijk geschreven om adoptie ouders op weg te helpen met de gevoelige aard van het opvoeden van hun adoptiekinderen. Als volwassene, heb ik slechts twee ouders. Zij adopteerden mij, maar zijn de enige ouders die ik ooit gekend heb. Ze hebben me meer dan de meesten bijgestaan, nooit opgegeven, me altijd aangemoedigd en altijd in me geloofd. Dat heeft een wereld van verschil gemaakt in mijn leven. En toch zegt mijn moeder nog steeds dat ze altijd één ding nodig hadden, maar nooit kregen, en dat was "begrip". Het enige bepalende doel van al mijn werk in de afgelopen 15 jaar was om ouders te helpen hun kinderen in een ander licht te zien - in het licht van liefde in plaats van angst.

Ik weet eerstehands dat dit begrip de dynamiek van je gezin en je kind's leven radicaal kan veranderen. Het is nooit te laat of te vroeg om te beginnen. Zolang je ademhaalt is er altijd hoop voor een betere toekomst.

Een reden waarom ik al mijn boeken kort houdt, is dat ik niet alleen wil dat je ze leest, maar ook bestudeert. Ik wil dat je nadenkt over de informatie en naar de dynamiek van je gezin en je kind kijkt om te zien wat daar zit. Ik geloof niet dat je teleurgesteld zult worden, maar het vergt moeite, geduld, moed en vertrouwen.

Dit laatste deel van het boek bestaat uit verschillende korte artikelen die ik over de jaren geschreven heb om te helpen onderbouwen wat je in dit boek gelezen hebt. Deze artikelen zullen je tevens een paar snelle bronnen geven die je kunt kopiëren en aan familieleden en docenten kunt overhandigen. Het vereist een gemeenschap om een kind op te voeden, en hoe meer ondersteuning je hebt, hoe beter af je zult zijn.

Bovendien, toen ik voor het eerst een student werd van de wetenschap van invloed regulatie, las ik alle drie de boeken van Allan Schore. Ik bestudeerde ze, onderstreepte ze, en zocht achter in het boek alle artikelen op die hij citeerde. Waarom? Omdat ik een student ben, en altijd zal zijn. Ik wil ouders en professionals de waarheid aanbieden, en de waarheid komt niet zonder offer. Dus, veel bronnen staan achter in het boek zodat je door kunt gaan met leren. Leg je erop toe dat je ten minste een werk per maand leest, en je zult versteld staan over de transformatie die in je gezin plaatsvindt. Ik moedig je ook aan om de rest van de bronnen te verkennen die beschikbaar zijn via **the Post Institute** (http://www.postinstitute.com).

Ik heb nooit geschreven voor academische doeleinden of om in een vakblad gepubliceerd te worden, maar zodat ouders en professionals mijn eenvoudige ideeën en concepten kunnen ontvangen en direct in gebruik nemen. Samen met de hier vermelde werken, zou u op weg moeten zijn om het begrip te ontwikkelen dat u vele significante doorbraken met uw kind zal brengen. Ik hoop dat je gedijt.

Ik neem afscheid met 1 Johannes 3:18: "Laat ons niet liefhebben met woorden, of met spraak, maar met daad en waarheid."
God zegene,
Bryan Post

Appendix

Verzameling van adoptie artikelen door Bryan Post

Hechtingsstoornissen: Feit of Fictie?

Net als artsen, verzamelen geestelijke gezondheid professionals informatie en symptomen om accurate diagnoses aan te bieden. Het probleem is dat uitsluitend de negatieve gedragingen opzoeken en identificeren ons een beperkt perspectief geeft van waaruit we het kind beschouwen.

Als we de diagnose Reactieve Hechtingsstoornis (RHS) onderzoeken, overweeg dan een paar interessante punten:

Ten eerste: een kind is veel meer dan een diagnose of psychiatrisch label. Onderzoek wijst uit dat stress en trauma doorgegeven kunnen worden van de ene generatie op de volgende, en zo een direct effect op het lichaam's DNA heeft. Een persoon is dus meer dan een eenvoudig kader voor zijn of haar huidige leven, maar eerder een weefsel van vele levens.

Ten tweede: als we iemand diagnostiseren met een stoornis, wordt die persoon die stoornis in de ogen van anderen. In plaats van een kind, zien we een RHS-kind, of zien we een ADD-kind. De echte definitie van een stoornis is "een staat zonder orde". De staat is niet een permanente staat, maar een staat die herstel naar orde nodig heeft. Als een kind is gediagnostiseerd met RHS, linken we dat kind direct met alle geassocieerde negatieve gedragingen. Daardoor, als het kind goed functioneert, kunnen we het niet zien, omdat de diagnose RHS dit positieve gedrag uitlegt als manipulatief gedrag van het kind.

Tot slot: onderzoek heeft weinig consistentie aangetoond in diagnostisering tussen behandelaars onderling. Het is vrij algemeen dat een kind gediagnostiseerd met RHS krijgt vaak ook de diagnose ADHD, bipolaire stoornis, ODD of zelfs gedragsstoornis. Dit wordt een differentiële diagnose genoemd. Psychiater Dorothy Lewis heeft gezegd: "Differentiële diagnose betekend voor de arts: 'ik weet het niet zeker, maar dit zijn mijn vermoedens.'"
Voor meer informatie over RHS en deze geassocieerde gedragingen, bezoek www.postinstitute.com

De juiste zorg en verzorging van uw creatieve kind

Kristi was een probleemkind volgens alle standaarden van de samenleving. Ze was impulsief, onvolwassen, presteerde slecht op school, en worstelde enorm met leeftijdsgenoten en familie. Ze had een natuurlijke neiging voor het mechanische; ze wilde altijd dingen opnieuw in elkaar zetten nadat ze ze uit elkaar had getrokken, maar ze realiseerde zich niet dat Barbie's hoofdje niet meer terugwilde nadat het eenmaal verwijderd was. Natuurlijk waren haar ouders ontsteld om haar zo'n duur stuk speelgoed kapot te zien maken.

Kristi was bijzonder sterk op gebieden als rekenen en mechanica, maar lang niet zo begaafd op gebieden als gelijkwaardige relaties en gezinsharmonie, waar ze een aanzienlijk conflict en afwijzing tegenkwam.

Als volwassene werd ze geen wiskunde professor, automonteur, succesvol engineer of accountant. Ze worstelde zelfs met taken als rondkomen en pogen haar eigen kinderen op te voeden. Je zult je afvragen: wat was er gebeurd met het meisje met de natuurlijke aanleg voor mechanica en wiskunde?

We weten zo weinig over het verzorgen van dynamisch creatieve kinderen. Kristi en kinderen zoals zij hebben ons gewoon nodig om hen te voorzien van een kader, en zij zullen dit invullen. Maar waarom worstelen we om alleen maar een kader te bieden?

Creativiteit is een emotioneel proces dat voor ons allemaal vanzelfsprekend is als kinderen. Hersenonderzoek toont aan dat in de vroegste levensjaren we het meest emotioneel gedreven zijn, creatieve mensen. Na verloop van tijd treedt er een enorme verschuiving op in ons brein, waarbij het emotionele expressie-kader kleiner wordt, en het meer populaire cognitieve/rationele expressie-kader de overhand begint te nemen. In deze staat begint het huilen en eisen weg te ebben. De constante behoefte verdwijnt en het kind wordt onafhankelijker. Natuurlijk verkiezen volwassenen kinderen in deze staat, want het staat ons toe onze eigen zorgen over werk, rekeningen, eten, etc na te jagen. Maar dit is waar we beginnen te verliezen.

Middels een serie dagelijkse vibratie patronen en herhaalde, alledaagse ervaringen, zenden we instructies naar onze kinderen om ze te helpen in de samenleving te passen. Dit verzekerd ons ervan dat als anderen naar onze kinderen staren, ze een geweldige reflectie zijn van het werk dat wij als ouders hebben gedaan.

In plaats van de creativiteit van onze kinderen koesteren en hen simpelweg van een blanco kader te voorzien waarin zij zichzelf kunnen uitdrukken, onderdrukken we hun emotionele behoeften met pogingen om ze te conditioneren naar maatschappelijke maatstaven. Langzaam beginnen we ons af te vragen: "Waar is mijn kleine zangeres, artiest, acteur of danseres gebleven?"

Voor ouders geïnteresseerd in de zorg en verzorging van de creatieve geest in hun kinderen zijn hier een paar tips en richtlijnen die ik verzameld heb tijdens mijn jaren van reizen, lezingen geven, schrijven en gezinstherapie wereldwijd geven:

1. Bepaal wat voor je kind het belangrijkst is. Creativiteit can op elke mogelijk manier geuit worden, niet alleen de podiumkunsten. Kijk naar je kind en ze zal je haar interesses tonen. Bevorder meer steun op deze gebieden dan alle andere - niet alleen steun, maar meer steun. Steek meer tijd in de interessegebieden en sterktepunten in plaats van de probleemgebieden. Dit zal een groter gevoel van eigenwaarde creëren en zal uw kind ondersteunen bij het voltooien van andere taken die zij meer alledaags of uitdagend vindt.

2. Erken je eigen angsten. Wij ouders zijn bang hoe de samenleving onze kinderen ziet. We proberen onszelf te misleiden en zeggen dat alleen het geluk van onze kinderen ertoe doet, maar de meeste ouders maken zich zorgen over wat anderen denken. Geen van de mensen "daarbuiten" doen er echt toe. Het allerbelangrijkste is uw relatie met uw kind. Dat ene

dynamische element zal een leven lang meegaan. Vergeet niet dat je de vreemdeling waarschijnlijk nooit meer bij Wal-Mart zult zien.

3. Moedig aan, moedig aan, moedig aan. Zorg ervoor dat je gas terug neemt en voldoende tijd vrijmaakt voor de grillen en fantasieën van je kind. Een brandweerman van vandaag zal morgen een dokter zijn en een onderzoeker van de plaats delict de volgende dag. Het maakt niet uit wat het is; moedig aan en als je dat doet, zul je de zaden planten en geluk oogsten.

4. Vergeet niet dat ze nog maar een kind is. Houd van haar om het kind dat ze is. Ze zal vele jaren hebben om een wereld van cynici en critici, vervalsingen en bedrog tegemoet te treden, dus vervul haar van liefde die ervoor zorgt dat ze altijd terug kan komen van haar mislukkingen, omdat ze weet dat ze oké is aan de binnenkant. De dingen die belangrijk zijn, is wat er aan de binnenkant zit, want daar worden de lessen opgeslagen die je meegeeft.

Overigens, Kristi is mijn zus.

Hechtingstrauma:
een persoonlijke terugblik

Ik was een kind met hechtingsproblemen. Ik bracht tijd door in pleegzorg voordat ik werd geadopteerd in het huis dat weldra een boos huis werd, dus ik heb eerstehands ervaring met hoe moeilijk het kan zijn om je kind te begrijpen. Ik bracht slechts drie maanden door in pleegzorg. Echter, elke tijd in pleegzorg is teveel tijd, vanwege de traumatische breuk die optreedt tussen de baby en de biologische moeder bij de geboorte.

Decennia lang is de invloed van deze vroege hechtingsbreuk genegeerd.

Voordat ik inga op wat je kunt doen om je kind te helpen, sta me toe om je wat van mijn verhaal, opgroeiend als kind, te vertellen.

Het is onmogelijk voor mij om mijn verhaal te vertellen zonder ook mijn zuster's verhaal mee te nemen, want dit creëert het kader voor mijn levenswerk. Hoewel we beiden geadopteerd waren voor we vier maanden oud waren, was mijn zuster's leven het exact tegenovergestelde van het mijne vanaf dag één. Ik werd voldragen en ging snel naar een pleeggezin, terwijl zij te vroeg was geboren en haar eerste drie maanden in een couveuse moest doorbrengen.

Mijn moeder vertelt het verhaal dat toen zij en mijn vader mij voor het eerst zagen, ik lachte. Aan de andere kant, huilde mijn zuster de eerste keer dat ze haar zagen. Omdat we nu zoveel weten over neurowetenschappen en fysiologische patronen, geloof ik dat deze eerste interacties het kader vormden voor de relatie die mijn zus en ouders vanaf dat moment hadden.

Vanaf de kindertijd tot de volwassenheid, worstelden mijn zus en ouders om gehecht te raken. De legendarische gehechtheid kinderartsen, Marshall Klaus en John Kennel, vertellen ons dat gehechtheid het gedrag is van het kind naar de ouder, en binding is het gedrag van de ouder naar het kind.

Een kind kan geen gehechtheid ontwikkelen met een ouder die worstelt om zich te binden. Dus, onbewust, was een bijna onmogelijke taak in gang gezet tussen mijn zus en mijn ouders.

Terugkijkend naar de verschillen tussen de vroegste relatie- blauwdrukken van mijn zuster en de mijne, was het gemakkelijk om te zien dat zelfs al op zo'n jonge leeftijd, ze al op fysiologisch niveau was geprogrammeerd om menselijke relaties als onveilig te beschouwen.

Wanneer we trauma in het leven van kinderen beschouwen, is het belangrijk om ons te realiseren dat het grootste deel van hun trauma een menselijke relatie betreft. Als een kind is misbruikt, gehavend of verwaarloosd door de persoon die verondersteld wordt haar het meest lief te hebben, wat zal de volgende relaties dan veiliger maken?

Ongeacht de trauma problemen die mijn zuster met zich meenam het gezin in, mijn eigen ouders brachten ook hun eigen mee. Zoals je je kunt voorstellen, de gezinservaring - wat ik ook wel het "geheime gezinsleven" noem - was niet fraai.

Als we naar het familieportret kijken, zien we nu dat één kind op jonge leeftijd wordt geadopteerd met weinig trauma rond de geboorte, maar de zaden van gevoeligheid draagt voor afwijzing en angst voor verlating. Wezien een ander klein kind dat te vroeg geboren wordt, mogelijk blootgesteld aan alcohol, waarvan de eerste maanden ter wereld werden doorgebracht omringd door het doffe gebrom van een couveuse en slechts minimaal menselijk contact.

De pleegmoeder was de oudste dochter van tien kinderen met een hard werkende moeder en alcoholistische vader. Ze waren afhankelijk van het loon van de houthandelaar om 12 monden te voeden. De pleegvader, de oudste van negen, had een alcoholistische vader en overleefde op minimumloon om 11 monden te voeden. Bovendien was hij een Vietnam- veteraan die leed aan oorlogstrauma.

Begrip en acceptatie zijn een noodzakelijk kenmerk van elke gezonde relatie tussen ouders en kinderen, en vormen vaak de basis voor gehechtheidspatronen in gezinnen. Gezien het bovenstaande en de stressvolle samenleving waarin we leven, is het moeilijk voor te stellen dat er ergens een hechting zou kunnen zijn gecreëerd.

Mijn familieportret is er een waarin de leden op een positieve manier probeerden om met elkaar om te gaan, maar onbewust elkaar of de invloed van hun vroege traumablauwdrukken niet konden begrijpen.

Wanneer trauma - elke stressvolle gebeurtenis die als overweldigend, onvoorspelbaar of langdurig wordt ervaren - niet emotioneel erkend wordt door onze directe relaties en omgeving, kan het een levenslange invloed hebben. Meestal hebben we een klein beetje inzicht van wat traumatische gebeurtenissen in ons leven zijn geweest en hoe ze ons blijven beïnvloeden.

Stress is een natuurlijk en noodzakelijk kenmerk van wie wij zijn. We hebben stress nodig om te leven, maar wanneer stress overweldigend wordt, of niet onderbroken wordt, kan het niet alleen de familiebanden, maar ook ons brein, beschadigen.

Nu terugkijkend, realiseer ik me dat ik sociaal, academisch en atletisch uitblonk. Inwendig worstelde ik om mezelf staande te houden in een wereld die ik als overweldigend ervoer. Ter compensatie loog ik, stal ik, bedroog ik, manipuleerde ik, stichtte ik brand, doodde ik dieren en pestte ik soms andere kinderen. Omdat ik intelligent was, hadden veel volwassenen in mijn leven nooit enig idee.

Mijn zuster, daarentegen, worstelde zowel inwendig als uitwendig.

Uitwendig faalde ze sociaal, academisch en atletisch. Er waren regelmatig ruzies thuis veroorzaakt door hoe mijn ouders geleerd hadden kinderen te disciplineren. Ze begrepen niet dat dit kind anders was. Ze vatten het persoonlijk op dat ze teruggetrokken en onvolwassen was, de voorkeur gaf aan spelen met veel jongere kinderen. Het was niet haar schuld. Haar enige mogelijkheden om haar angst en depressie te communiceren, was door haar gedrag. Dergelijke communicatie weerde de meeste mensen af en leidde tot relaties gebaseerd op angst en afwijzing.

Met alle hoop op het gezin waarvan ze hadden gedroomd, voelden mijn ouders zich onzeker, hopeloos en overweldigd door de taak die ze hadden. Hun geadopteerde kinderen waren moeilijk - in elk geval één van hen - en de ander had zijn momenten, maar zo veel minder, of zo dachten ze.

Ons gezin leefde en worstelde elke dag. Mijn zus worstelt nog steeds en blijft die vroege blauwdrukken en terugkerende negatieve relaties overleven. Ik blijf worstelen, maar toch heb ik het leven in perspectief kunnen plaatsen, niet door persoonlijke opmerkelijke inspanningen, maar door meer positieve relaties te hebben dan negatieve. Zoals mijn moeder zegt: "We begrepen het gewoon niet."

Paden creëren.
Wat zijn uw ouderschaps blauwdrukken?

Op een dag, terwijl ik met een privé cliënt werkte, kwam ik tot een emotioneel inzicht. Laat me je vertellen hoe dat tot stand kwam.

Ik had een aantal maanden met een bijzondere moeder van drie geadopteerde kinderen gewerkt en terwijl we soms ontzettend worstelden, boekte het gezin gestage vooruitgang.

Op een bijzonder moeilijke dag zat mama op de bank voor het grote raam in haar voorkamer en ik ging tegenover haar zitten in een stoel. Ik dacht na over de regen die buiten viel en hoewel het er winderig uitzag, was het nog steeds warm. Door deze moeder te vragen sommige van haar emotionele reacties te bekijken, was het alsof een bliksemschicht mij trof!

Plotseling schudde het diepste verdriet me toen ik me iets voor het eerst realiseerde en ik begon te huilen.

Ze vroeg me waarom ik huilde en ik verteld haar: "Ik had zojuist een diep gevoel van verdriet en boosheid voor wat ik en de rest van de maatschappij je hebben aangedaan. We proberen je een ouderschapskasteel te laten bouwen, maar de feitelijke waarheid is dat je slechts bouwstenen voor een stacaravan hebt. Daar word ik zo verdrietig en boos om, want iedereen wil dat je iets opbouwt en doet, waar jij geen handvaten voor hebt gekregen. Hoe frustrerend en verdrietig moet dat voor jou zijn!"

"Nee Bryan", antwoordde ze. "Daar zit je fout. Ik heb geen bouwstenen voor een stacaravan. Ik heb bouwstenen voor een aanleunwoning!" En ze begon te snikken.

John Bowlby, de Vader van Gehechtheid, zei in de 50-er jaren: "De eerste drie jaren van ons leven geven de bouwstenen voor al onze toekomstige relaties." Voor *al* onze toekomstige relaties, niet maar een paar - onze huwelijksrelaties, onze ouder-kind relaties, onze relaties met leeftijdsgenoten, onze vriendschapsrelaties, en zelfs onze werkrelaties. Wetenschap leert ons nu dat het eerder ergens tussen de conceptie en vijfjarige leeftijd is waarin onze blauwdruk geschreven wordt.

Dit is echter wat belangrijk is, gebaseerd op wat we geloven dat we zien bij anderen, hun huis, hun kinderen en hun relaties: We worden gedreven om dat te creëren waarvan wij denken dat het kastelen zijn. Als de moeder van de overkant niet ruziet met haar zoon en hij een topatleet is, geloven we dat ze in een ouderschapskasteel leven. Wij willen dat kasteel. We worden dus volhardend, geduldig, mededogend, empathisch en begripvol. We willen dat kasteel echt. Maar, na verloop van tijd, begint de worsteling. Onze relatie met ons kind is niet zo geweldig. Ze doet het niet zo goed op school, heeft niet zoveel vrienden, en heeft moeite met de interactie met het gezin.

Wat we in ons kind zien daagt onbewust ons ideaal van het ouderschapskasteel uit, dus raken we gefrustreerd. We veranderen van liefdevol, geduldig en begripvol naar kritisch, beheersend, beschamend, beschuldigend en bedreigend. We willen dat kasteel, en bij god, dat kind zal het niet in de weg staan!

Raad eens? Dat is een mislukte blauwdruk. In onze poging een ideaal te creëren, zijn we onze originele functionerende blauwdrukken vergeten. We maten verkeerd, zaagden verkeerd, en hamerden verkeerd. Onze ware blauwdrukken werden geactiveerd, waardoor onze ideale blauwdrukken mislukten. Tijdens stress doen we dus niet wat de moeder met de blauwdrukken van het ouderschap zou doen; we keren terug naar de blauwdrukken van onze stacaravan.

Dat maakt ons niet verkeerd. Het betekent gewoon dat we ons moeten realiseren dat onze blauwdrukken onze werkende kaart zijn voor relaties.

Voordat we een kasteel kunnen bouwen, moeten we eerst goed kijken wat we hebben. En dat is het pijnlijke deel. We willen het kasteel, maar om nieuwe blauwdrukken te maken, te wijzigen en aan te passen om het kasteel te krijgen, moeten we bereid zijn te kijken naar wat we nu hebben. Voordat we iets anders kunnen hebben, moeten we bereid zijn om nauwkeurig te onderzoeken wat we hebben en moeten we opnieuw berekenen.

Het grootste probleem met zoveel van onze opvoed systemen, geestelijke gezondheidssystemen, pleegzorg systemen, adoptie systemen, enzovoorts, is dat ze zijn gecreëerd en worden onderhouden door mensen die zich niet volledig bewust waren van hun eigen blauwdrukken. Als we onze eigen blauwdrukken eenmaal gaan onderzoeken, waar ze vandaan komen, wat ze ons vertellen, en de aanwijzingen die ze ons geven, hebben we de mogelijkheid om te vertragen en onszelf te corrigeren.

Het helpt ook om iemand te vinden die in een mooier ouderlijk huis woont en om aanwijzingen te vragen. Er is een vrij eenvoudige wet genaamd de wet van replicatie. Als we willen wat iemand anders heeft, moeten we uitvinden wat ze doen en hetzelfde doen. Al snel zorgt de wet voor zichzelf.

Het is ook belangrijk om te beseffen dat, gebaseerd op de geschiedenis van onze natie en de mate van stress en trauma die we gedurende de generaties hebben doorstaan, er weinig ouderschapskastelen zijn. De meeste van hen zijn illusies. Dat betekent niet dat niemand een ouderschapskasteel kan bouwen. Het kost alleen tijd, geduld, begrip, ijver, doorzettingsvermogen en liefde. Als de stacaravan wat wankel begint te worden, bekijk dan de fundering. Voeg nog een ondersteuning toe.

Onthoud, de ondersteuning die je vandaag toevoegt, zal dezelfde ondersteuning zijn voor het kasteel van morgen.

(Afgezien van het lezen van het boek *Beyond Consequences, Logic and Control* en het krijgen van zoveel mogelijk educatieve bronnen van www.postinstitute.com, kun je het best beginnen met het wijzigen van je ouderschapstekeningen door jezelf een POST-coach te geven. Onze coaches en ik hebben nog geen kastelen, maar we veranderen onze eigen stacaravans voortdurend in een aantal mooie huizen.)

Speeltjes, Fopjes en Dekentjes: Op weg naar een nieuw begrip van het emotioneel geremde kind en de volwassenen die voor hen zorgen

Een 17-jarige man gaat naar school met een fopspeen. Een 16-jarige vrouw geniet ervan als ze de fles van haar pleegouder krijgt. Tijdens het spelen met zijn veel jongere, zusje in luiers, legt een 15-jarige haar luier op zijn hoofd en verlaat de kamer om even later terug te keren in enkel de luier. Een 13-jarige vraagt regelmatig of ze in haar moeders bed mag slapen. Een 14-jarige jongen zit liever op schoot bij zijn verzorger dan naast hem op de bank. Hij kust zijn verzorger herhaaldelijk op de wang terwijl hij luidkeels roept: "Baby! Baby!"

Wat zijn je inwendige reacties op deze scenarios? Voel je je ongemakkelijk? Misschien voel je een vernauwing in je borst of een aanspanning van je keelspieren. Misschien voel je je boos of beschaamd door het lezen van zulk door kinderen vertoond gedrag. Of misschien lachte je en trof je jezelf geïnteresseerd in de clou van dit artikel.

Het doel van dit artikel is te onderzoeken hoe vroege levenservaringen leiden tot gedrag bij kinderen dat anderszins bestempeld wordt als ongepast en de verzorgers veel zorgen geeft. Een gebrek aan begrip kan ertoe leiden dat volwassen dit gedrag beschamen, veroordelen of mis- interpreteren, en daarmee heling stagneren.

Sociale kinderopvangnormen

Hoeveel kinderen hebben op een fopspeen vertrouwd voor rust? Hoeveel kinderen hebben een fles gekregen als een voorziening voor het leveren van voedsel? Hoeveel kinderen hebben een favoriete deken of stuk speelgoed dat ze van plaats tot plaats bij zich dragen om ze te kalmeren? De meeste kinderen vallen in deze categorie. Fopspenen, flessen en dekens maken deel uit van onze dominerende kinderverzorging.

De fopspeen, bijvoorbeeld, is belangrijk vanwege de reactie van het brein op het sabbelen. Als een zuigeling sabbelt, ontstaat een neuro- chemische afgifte welke, in de meeste gevallen, leidt tot kalmering. De optimale zuigervaring, vanzelfsprekend, vindt plaats aan de borst van de verzorgende moeder, en de fopspeen is een niet-zo-directe tweede.

Een fles wordt gebruikt voor de voeding. Wederom is dit een niet-zo- directe tweede na de moeder's borst, maar het is een sociaal acceptabel middel om kinderen te voeden. Dit voeden leidt tot een belangrijke ontwikkeling van de hersenen, maar bovenal is het de aanraking, geur, oogcontact, temperatuursverandering en zelfs het geluid van de verzorger's stem gedurende het voeden die een grotere brein-afhankelijke ervaring toestaat.

Kinderen krijgen dekentjes voor comfort en troost. Ze worden afhankelijk van deze dekentjes, niet vanwege het dekentje, maar vanwege de geur die ermee geassocieerd is.

Mijn bijna vijfjarige dochter heeft nooit een fles gehad, heeft nooit een speen in haar mond gehad, en is nooit gehecht geraakt aan een specifiek dekentje, speeltje of lapje. Ze hing liever aan mijn vrouw's borst, zat liever op mijn schoot en knuffelde in mijn shirt, of had één of beiden van ons zo dicht mogelijk als maar kon in haar buurt als ze hooggespannen was. Door al haar vroegkinderlijke trauma's heeft ze een gehechtheidspatroon gehad dat consequent afgestemd, zorgzaam, flexibel en responsief zorgend is geweest. In de meeste gebieden, vooral sociaal en emotioneel, is ze haar leeftijd voorbij. Mijn bijna 14-jarige zou niet durven worden betrapt met een fopspeen, zou niet kunnen indenken dat haar moeder of vader haar een fles zou geven, is moeilijk bewogen om op mijn schoot te zitten voor een bepaalde tijd, en zou het grappig vinden rond te lopen met een zelf-rustgevend voorwerp. Maar aan de andere kant, net als mijn vijfjarige, kreeg ze optimale zorg. Haar vroege zorg was lang niet zo gehechtheid- en emotie- georiënteerd als die van mijn vijfjarige, maar in de meeste gevallen werd en wordt het bewust gedaan. Ook zij is sociaal en emotioneel haar chronologische jaren voorbij gestreefd.

Uitdagingen voor sociale normen en voorspelbare ontwikkeling

Aan de andere kant, al die kinderen uit de eerste paragraaf van dit artikel, zijn echte kinderen die slechts een fractie hebben ontvangen van wat mijn kinderen hebben ontvangen in hun leven. Niet een van de genoemde kinderen heeft gedurende enige significante periode in een fysiek, emotioneel en spiritueel veilige omgeving gewoond. Dit zijn natuurlijk kritieke elementen voor een optimaal ontwikkelen en functioneren van de hersenen. Mishandeling en verwaarlozing creëren emotionele en sociale achterstanden bij kinderen.[1]

Wanneer deze kinderen in toestand van angst en stress verkeren, zullen ze terugvallen. Dit betekend dat, op elk willekeurig moment, een 10-jarig kind zich wellicht als een 2-jarige kan gedragen. Psychiater en auteur Dorothy Lewis zegt dat deze kinderen

---

[1] Perry, B.D., 2001, "Bonding and Attachment in Maltreated Children", *Consequences of Emotional Neglect in Childhood*, Adapted in part from *Maltreated Children: Experience, Brain Development and the Next Generation* (New York: W.W. Norton & Company).

"emotioneel geremd"[2] zijn. Ze worden gegijzeld door hun eigen verleden van mishandeling en verwarlozing.

In deze gevallen demonstreren de kinderen emotionele terugval, omdat ze emotioneel geremd zijn door de mishandeling en verwaarlozing. Zij proberen hun onrust te kalmeren middels gedrag dat door de samenleving als ongepast is bestempeld. Helaas zijn we zo bang geworden de behoefte van onze kinderen om te worden gekalmeerd, dat we overtuigd zijn dat we onze kinderen moeten spenen, hun toegang tot dingen die rustgevend voor hen zijn beperken, of het nu een fles, fop of deken is.

De eerste stap is educatie. Wanneer we worden voorgelicht over de impact van vroegkinderlijk trauma en de gevolgen van verwaarlozing en misbruik op het ontwikkelingssysteem van een kind, kunnen we onze kinderen in een ander licht gaan zien. Deze kinderen kunnen zich eenvoudigweg niet naar hun eigen leeftijd gedragen als ze in toestand van stress verkeren, en die momenten van stress zijn wanneer wij met hen op een emotioneel niveau interactie aan moeten gaan. Als ze huilerig, gefrustreerd, overweldigd zijn (emotionele leeftijd van twee), moeten we ze opvoeden alsof ze die leeftijd hadden.

Vergeet niet dat ons denken verward en vervormd raakt in tijden van stress, en ons kortetermijngeheugen

---

[2] Lewis, D.O., *Guilty By Reason of Insanity* (New York: Ivy Books, 1998).

wordt onderdrukt. Wanneer we onnadenkend reageren en in onze eigen stresstoestand geraken, vergeten we de rage van 10 jaar geleden, toen bijna elke middelbare scholier in Amerika rondliep met een fopspeen om hun nek en cola uit een flesje slurpte. Het was een rage, een trend, een fase. En tegelijk was het een hele goede weergave van een maatschappij van onzekere kinderen, die hun toevlucht zochten in een basale troostende ervaring. Dus, als uw kinderen terugvallen, gebruik dan kalmerende non-verbale interacties. Hou ze vast. Wieg ze. Zing zachtjes. Dit is niet het moment om complexe verbale argumenten te gebruiken over de gevolgen van ongepast gedrag.

Benader het kind waar het is

Ik geef les in het concept van het kind benaderen waar het is. In plaats van het kind te zien vanuit het perspectief passend bij zijn chronologische leeftijd, grootte of cognitieve vermogens, stimuleer ik het kind te zien vanuit zijn emotionele leeftijd. Dit is essentieel op vele niveaus. Ten eerste, neurowetenschapper en auteur Daniel Goleman spreekt tot de kracht van het emotionele brein door te stellen dat de rechter hemisfeer (emotioneel brein) dominant is over het linker hemisfeer (cognitieve hersenen).[3] Dit komt overeen met een "emotionele kaping" in tijden van stress. Als een kind 16 is en een fles wil, hebben we een veelzeggende indicatie van de stress van het kind op dat moment.

------

[3] Goleman, Daniel, *Emotional Intelligence: Why It Can Matter More than IQ* (New York: Bantam Books, 1997).

We moeten ons vervolgens afvragen waarom we niet bereid zijn om het kind een fles te geven. Dit is een essentiële vraag in die zin dat het onze bereidheid onthult om onze eigen reactiepatronen in twijfel te trekken over gedragingen die we abnormaal achten.

Als je bijvoorbeeld vatbaar bent voor cognitieve angsten en verstoringen, hoor je jezelf misschien denken of zeggen: "Maar dat is gewoon niet goed. Je kunt hem niet laten rondlopen als hij een volwassene is die een fles wil! "Ik zou graag een alternatief zien, zoals" Ok, ik heb het niet over jaren vanaf nu of zelfs maanden vanaf nu, wanneer hij een volwassene is. Ik heb het over hem nu, op dit moment." niet over jaren vanaf nu of zelfs maanden vanaf nu, wanneer hij een volwassene is. Ik heb het over hem nu, op dit moment."

De belangrijke verschuiving in denken is beseffen dat dit kind een behoefte heeft die niet is vervuld, en op dat moment is er een mogelijkheid om aan die behoefte tegemoet te komen. Hierdoor heeft het gedrag een grotere kans om te stoppen en kan het kind zich later misschien onthouden van roken, dwangmatig eten of overmatig alcoholgebruik. We zijn vaak zo druk bezig om te voorkomen dat de toekomst zich voordoet, dat we niet erkennen dat onze acties nu zijn wat het gedrag bestendigen waar we bang voor zijn.

Liefde wint

Bishop T.D. Jakes zegt "Als je altijd doet wat je altijd gedaan hebt, zul je altijd zijn waar je altijd bent geweest!" Als we het lot van onze kinderen en onze rollen als ouders, leraren, gidsen en genezers in hun leven beschouwen, moeten we ons afvragen of onze huidige methoden werken. Als we een grondige en eerlijke beoordeling maken van onze huidige en historische behandeling van uitdagende kinderen, zullen we merken dat we herhaaldelijk dezelfde aanpak voor gedragsaanpassing hebben gebruikt met weinig resultaten.

Om echt iets nieuws te proberen, moeten we eerst erkennen dat het onbekende eng is. Dan moeten we gaan onderzoeken vanuit welke basis we handelen - van waaruit de meeste gedragsbenaderingen ten opzichte van kinderen zijn gebaseerd - en actief op zoek naar een nieuw model.

Wat is schadelijker: fopspeen, speeltje, dekentje, of sigaret, bier en willekeurige seks? Zeg het maar.

De impact van trauma op pleegkinderen

Op de leeftijd van zes maanden in pleegzorg geplaatst, was Joseph een kieskeurige en soms moeilijk te troosten baby. Zijn pleegouders dachten dat het gewoon normaal was voor een pleeg zuigeling, dus besteedden er weinig aandacht aan. Tegen zijn tweede jaar, was Joseph verplaatst naar een ander gezin. Toen hij de andere kinderen in de dagopvang begon te bijten, vonden zijn nieuwe pleegouders dit normaal twee-jarigen gedrag.

Maar het bijten ging dat jaar niet over. Op de leeftijd van zes - vijf plaatsingen verder - deed Joseph geen opdrachten en schreeuwde soms urenlang per keer. Hij bracht meestal een groot deel van de dag geïsoleerd door. Joseph was nu gewend geraakt om weg te rennen van schoolpersoneel toen zijn gedrag escaleerde. Dit leidde ertoe dat Joseph werd vastgehouden door de beveiligers of directeur. Uiteindelijk had Joseph een hele lijst met scholen bezocht en weer moeten verlaten.

Tegen de tijd dat Joseph de vijfde klas had bereikt, hadden zijn steeds gewelddadigere uitbarstingen en opstandigheid hem twee verblijven bezorgd in residentiële behandelcentra. Na mislukte pogingen tot therapie en meer dan acht psychiatrische medicijnen die er alleen maar voor hadden gezorgd dat Joseph 'zombie-achtig' leek te zijn, voelden zijn caseworker en pleegouders dat hun enige optie was om Joseph naar een andere residentiële faciliteit te sturen.

Helaas is het bovenstaande verhaal een veelvoorkomend verhaal voor veel pleegouders. Veel pleeggezinnen worstelen al jaren om het vreedzame gezin te creëren waar ze over dromen. Helaas is een van de belangrijkste barrières die een dergelijke gezinsharmonie tegenhouden, een van de minst begrepen als het gaat om het begrijpen van de benarde situatie van het pleegkind. De barrière is trauma.

Of ze nu vanaf hun geboorte of later in hun leven worden geplaatst, alle pleegkinderen hebben een zekere mate van trauma ervaren. Trauma is een stressvolle langdurige, overweldigende of onvoorspelbare gebeurtenis. We zijn bekend met het trauma veroorzaakt door misbruik, verwaarlozing en huiselijk geweld, de volledige impact van trauma op pleegkinderen is tot voor kort niet begrepen.

Wetenschappelijk onderzoek laat nu zien dat de menselijke foetus reeds in het tweede trimester in staat is tot auditieve verwerking en in staat is om afwijzing in utero te verwerken. Veel verder dan enig cognitief bewustzijn, wordt deze ervaring diep in de lichaamscellen opgeslagen, routinematig leidend tot toestanden van angst en depressie voor het pleegkind later in het leven.

Omdat deze eerste ervaring al zo lang zonder validatie heeft geduurd, is het nu moeilijk voor ouders om het te begrijpen. Deze vroege ervaring is meestal het oorspronkelijke trauma van het kind. Vanaf dat moment kunnen er nog veel meer trauma's in het leven van het kind voorkomen. Deze omvatten voortijdige geboorte, inconsistente verzorgers, misbruik, verwaarlozing, chronische pijn, langdurige ziekenhuisopnamen met scheidingen van de moeder en ouderlijke depressie. Dergelijke levensgebeurtenissen onderbreken de emotionele ontwikkeling van een kind (soms zelfs fysieke ontwikkeling) en onderbreken het vermogen van het kind om stress te tolereren in zinvolle relaties met ouders en leeftijdsgenoten.

Het is belangrijk om te beseffen dat het trauma, simpelweg omdat een kind uit een traumatische omgeving is verwijderd, niet uit het geheugen van het kind is gewist. Stress wordt gezien als de belangrijkste sleutel tot het ontsluiten van traumatische herinneringen. Helaas, voor zowel het pleegkind als het gezin, komen de meeste trauma's in het leven van het kind voor in de context van menselijke relaties. Stress in een relatie zorgt dus voor een herbeleving van het trauma voor het kind, waardoor het kind zich bedreigd, angstig en overweldigd voelt in een omgeving die niet bedreigend is voor anderen.

10 Sleutels voor heling van trauma in het pleegkind:

1. Trauma creëert gevoeligheid voor angst en stress bij kinderen. Zelfs voor een kind dat vanaf de geboorte wordt opgevoed, zijn hun interne systemen misschien al gevoeliger en angstiger dan dat van een kind dat bij zijn biologische ouders heeft kunnen blijven.

2. Herken en wees meer bewust van angst bij je kind. Wees gevoeliger voor de kleine signalen, zoals klampen, jammeren, geen onderscheid maken tussen vreemden, enzovoort. Het zijn allemaal tekenen van onzekerheid waaraan gehoor gegeven kan worden door het kind dichterbij te brengen, vast te houden, te dragen en te communiceren met het kind dat hij bang is, maar u hem zult beschermen.

3. Herken de impact van trauma's in je eigen leven. Inzicht in de impact van trauma uit het verleden in je eigen leven zal je helpen gevoeliger te worden wanneer je reactie afkomstig is van een andere plaats dan je bestaande ouder / kindervaring. Het opnieuw ervaren van trauma uit het verleden is normaal wanneer ouders

in een voortdurende stressvolle omgeving worden geplaatst.

4. Verminder externe sensorische stimulatie wanneer mogelijk. Verminder televisie tijd, overweldigende omgevingen, het aantal kinderen dat samen speelt en grote familiefeesten. Wanneer het nodig is dat deze gebeurtenissen plaatsvinden, houd het kind dan dichtbij.

5. Hanteer Time-In in plaats van Time-Out. In plaats van het gestresste en angstige kind naar de hoek te sturen om na te denken over haar gedrag, breng haar dan bij je in de buurt en help haar om zich veilig en geborgen te voelen. Inwendig laat dit haar dan toe om na te denken over haar acties.

6. Sla geen getraumatiseerde kinderen! Door dit te doen, wordt u alleen als een bedreiging geïdentificeerd. Het bijbelse vers over het sparen van de roede en het verwennen van het kind spreekt tot het grootbrengen van schapen. Een staf wordt gebruikt om de schapen te leiden, en het personeel wordt gebruikt om de schapen terug in de rij te trekken wanneer ze afdwalen. Door kinderen te slaan, net als schapen, worden ze bang voor je en rennen ze weg of slaan ze terug.

7. Er is nooit genoeg genegenheid in de wereld. Een eenvoudige techniek is het recept voor genegenheid dat al vroeg in het boek wordt genoemd. Geef een kind 10 minuten quality time en aandacht als eerste in de ochtend, 20 minuten in de middag en 10 in de avond.

8. Moedig een individueel Ontwikkelingsperspectiefplan (iOPP) in de klas aan om begrip te krijgen voor de stress en angst van uw kind. Dit kan helpen bij het aanpakken van belangrijke zaken als huiswerk, plein, interactie tussen leeftijdsgenoten, lunch en lichamelijke opvoeding. Dit zijn allemaal gemeenschappelijke gebieden met beperkte structuur en verhoogde stress.

9. Ontwikkel jezelf met betrekking tot de impact van stress en trauma op gezinnen. Veel bronnen zijn beschikbaar op

www.postinstitute.com

www.traumaresources.org.

www.childtraumaacademy.org

10. Zoek steun. Ouderschap van een kind met een traumageschiedenis kan zijn tol eisen bij de beste ouders. Zoek een ondersteuningssysteem voor occasionele respijtzorg, het bespreken van problemen en het delen van een maaltijd. Zulke kleine stapjes kunnen een langdurig effect hebben tijdens bijzonder stressvolle tijden.

Tot slot, geef jezelf de tijd om bij te tanken, verbinding te maken en te communiceren. Vergeet niet dat een veilige ouderlijke relatie het grootste geschenk is dat je je kind kunt geven.

Traditionele opvoedtechnieken gekoppeld Aan hersenstress

Tot voor kort hebben ouders over de hele wereld traditionele opvoedingstechnieken gebruikt, zoals gevolgen, punten en beloningen, en slaag als effectieve maten van correctie voor gedrag dat sociaal ongepast wordt geacht. Scholen blijven op grote schaal slaag gebruiken als een maatregel om het probleemgedrag van kinderen te ontmoedigen. Nieuwe bevindingen uit de neurowetenschappen tonen echter aan dat dergelijke maatregelen schadelijk kunnen zijn voor een gezonde hersenontwikkeling bij kinderen en mogelijk zelfs een belangrijke oorzaak kunnen zijn van overmatig voorschrijven van medicijnen.

De amygdala is een amandelvormige cluster van zenuwvezels aan de basis van de hersenen. Volgens New York University neurowetenschapper Joseph LeDoux, auteur van the Emotional Brain and Synaptic Self, is de amygdala de angstreceptor van de hersenen, voornamelijk verantwoordelijk voor het waarnemen van bedreigingen in de omgeving. Dus, de amygdala is geen deel van het hoger ontwikkelde denkdenkende brein. In plaats daarvan regelt het het emotionele halfrond. Dit deel van de hersenen is direct gekoppeld aan de vroegste afgifte van stresshormonen binnen het neurale systeem, wetenschappelijk bekend als corticotrofine-vrijgevende factor.

Ouderschapstechnieken die bedreigend zijn, op angst gebaseerd, zonder empathie of zonder ouderlijk medeleven, kunnen ervoor zorgen dat de amygdala grote hoeveelheden stresshormonen in de hersenen en het lichaamssysteem vrijgeeft. In veel gevallen kan deze omvangrijke vrijgifte, als deze routinematig optreedt zonder voldoende onderbreking, tot trauma's leiden. Traumatische stressniveaus kunnen neuronale schade aanrichten aan een ander deel van de hersenen dat verantwoordelijk is voor helder denken en kortetermijngeheugen - de hippocampus. Daarom raken denkprocessen in tijden van hoge stress verward en vervormd en wordt het kortetermijngeheugen onderdrukt.

Tijdens kritieke tijden van ontwikkeling, veroorzaakt het gebruik van dergelijke straftechnieken voor gedragsregulatie moeilijkheden voor het kind om interactief te zijn op school en met leeftijdsgenoten. Deze worstelingen zijn vaak gekoppeld aan medicatievoorschriften voor kinderen, maar deze medicijnen kunnen een dieper liggende uitdaging van het kind maskeren en kunnen om de verkeerde redenen worden toegediend.

Het onredelijk gebruik van rede bij kinderen

Kun je je herinneren toen je een kind was en iets deed waardoor je moeder of vader overstuur raakte? Je hebt waarschijnlijk een lang gesprek gehad over waarom het onverantwoordelijk van je was om te handelen zoals je deed. Dus de vraag is: Herinner je je een van die lange, gepassioneerde preken die je ouders je hebben gegeven? Hoogstwaarschijnlijk is je antwoord een volmondig nee!

Je las in dit boek dat onze denkprocessen in tijden van hoge stress verward en vervormd raken en dat ons kortetermijngeheugen onderdrukt wordt. Daarom onthoud je de preken van je ouders niet, dus laat me jou en je kinderen helpen vele momenten van frustratie te besparen.

Ten eerste misdragen kinderen zich als ze gestresst zijn. Het is makkelijk. Je was er zeker van dat je kind 'beter wist dan dat', maar dat gedrag dat je hekelt komt voort uit het ervaren van meer stress in zijn hersenen en lichaamssysteem dan hij op dat moment kan verdragen. Dus zijn acties wijzen op zijn gevoelens. Denk er even over na. Ben je het er niet mee eens dat je kind 80% tot 90% van de tijd vrij solide beslissingen neemt? Denk er zelfs op dit moment aan dat uw kind waarschijnlijk niet liegt, steelt, zijn kleine zusje slaat, of de hond lastig valt. Nee, hij is waarschijnlijk televisie aan het kijken, bezig met praten, spelen met vrienden of huiswerk aan het maken. Het punt is dat kinderen meestal geen overweldigende stress ervaren, en dat ze zich redelijk goed gedragen.

Stel jezelf deze vragen: "Wat als mijn kind het doet omdat hij gestresst is? Hoe kan ik anders op hem reageren, op een manier die hem minder stress bezorgt?" Denk eens aan een tijd waarin je als kind straf hebt gekregen als je die vragen eerlijk hebt overwogen. Was je op dat moment gestresst? Wat hadden je ouders anders kunnen doen als ze dat inzicht hadden opgedaan? Hoe anders had de situatie kunnen uitpakken?

Geloof je echt dat een 20 minuten durende preek volledig wordt begrepen wanneer je kind in stress is? We preken tegen onze kinderen omdat we zelf bepreekt zijn. Meestal geven we preken aan onze kinderen omdat ook wij gestrest raken. Daarom proberen we logica te gebruiken met onze tijdelijk onlogische kinderen.

Als je probeert te redeneren met een onredelijk persoon, wat maakt dat jou dan?

Het vroegste trauma: de verzwegen invloed van medisch trauma

Duizenden kinderen worden elk jaar op een traumatische manier ter wereld gebracht, die zelden wordt besproken of verwerkt na afloop van het evenement. Deze trauma's kunnen variëren van een kind dat wordt geboren met de navelstreng om zijn nek, met vitale zuurstoftekorten die seconden- of minutenlang aanhouden of een langdurige, stressvolle en ongewoon pijnlijke bevalling.

Kinderen die traumatische gebeurtenissen ervaren als hun eerste levensgebeurtenissen, zijn typisch getraumatiseerd op twee manieren, zo niet meer. De eerste is de ervaring zelf: of het nu trauma is voordat het kind wordt geboren of na de geboorte, het kan worden opgeslagen als de vroegste herinnering van het kind, het primitieve niveau genoemd. Dit geheugen wordt actief geactiveerd in de rest van het leven van een persoon. Onderzoek in de hersenen leert ons dat de foetus al in de vierde week na de conceptie in staat is tot auditieve verwerking en al in het tweede trimester tot psychologische verwerking.

Scheiding, huiselijk geweld, verlies van een belangrijk figuur, auto ongelukken, of ziekte gedurende zwangerschap kunnen alle oorzaken zijn dat een foetus al in de baarmoeder een trauma ontwikkeld.

Ten tweede, omdat het medische beroep het vroege leven van de foetus/ baby weinig erkent en valideert, ontbreekt voldoende inzicht in de impact van dergelijke gebeurtenissen op het kind. In mijn persoonlijke ervaring met een kind dat twee hersenoperaties had binnen drie maanden na de geboorte, werd het woord trauma nooit eens genoemd. Het werd niet beschouwd als dat het kind reacties op de dingen op haar hoofd, op luide geluiden, plotselinge acties en scheidingen, onder andere kwesties zou hebben.

Vroege trauma's voor baby's voor de geboorte of net na de geboorte kunnen het kind veel gevoeliger maken voor stress, angst en stimulatie dan andere kinderen. Deze ervaringen kunnen het kind moeilijk maken in actieve omgevingen zoals gezinstijd, winkelen, school enzovoort.

Kinderen hebben een dieper inzicht in hun aangeboren gevoeligheden nodig dan met het menselijk oog kan worden gezien. Ze vereisen dat we verder kijken dan we kunnen zien en diep waarnemen waar ze mogelijk worden uitgedaagd. Dit vereist een vertraging als ouders om te zien waar onze kinderen worstelen en nadenken over hoe sommige van die worstelingen verband kunnen houden met vroeg trauma.

Als dit boek je beviel, laat dan een recensie achter op amazon.com. Je recensie zal anderen helpen het boek te vinden en overhalen het aan te schaffen. Ga alsjeblieft naar amazon.com om je recensie van *Van Angst Naar Liefde: Opvoeden van Moeilijke Adoptiekinderen* achter te laten op www.amazon.com/Van-Angst-Liefde-Bryan- Post.

AANBEVOLEN BOEKEN EN BRONNEN

Bronnen voor ouders en professionals:

Brazelton, T.B. (1992). *Touchpoints: Your Child's Emotional and Behavioral Development.* Reading, MA: Addison-Wesley Publishing.

Brazelton, T.B. & Greenspan, S. (2000). *The Irreducible Needs of Children: What Every Child Must Have to Grown, Learn and Flourish.* Cambridge, MA: Perseus Publishing.

Breggin, P. (2000). *Reclaiming Our Children: A Healing Solution for a Nation in Crisis.* Cambridge, MA: Perseus Books.

Clark, N. & Post, B. (2005). *The Forever Child: A Tale of Loss and Impossible Dreams.* Upland, CA: The Forever Child. Available www.amazon.com.

Clark, N. & Post, B. (2003). *The Forever Child: A Tale of Fear and Anger.*
Upland, CA: The Forever Child. Available www.amazon.com.

Clark, N. & Post, B. (2002). *The Forever Child: A Tale of Lies and Love.*
Upland, CA: The Forever Child. Available www.amazon.com.

Davis, P. (1999). *The Power of Touch: The Basics for Survival, Health, Intimacy, and Emotional Well-being.* Carlsbad, CA: Hay House.

Divinyi, J, M.S., L.P.C. (2003). *Discipline That Works; 5 Simple Steps.* Peachtree City, GA: The Wellness Connection. Available www.postinstitute.com.

Divinyi, J, M.S., L.P.C. (2003). *Good Kids, Difficult Behaviors.* Peachtree City, GA: The Wellness Connection. Available www.postinstitute.com.

Divinyi, J, M.S., L.P.C. (2001). *The ABC's Workbook: Achieving Acceptable Behavior Changes.* Peachtree City, GA: The Wellness Connection. Available www.postinstitute.com.

Fox, E. (1934). *The Sermon on the Mount: The Keys to Success in Life.* San Francisco: Harper Collins.

Goleman, D. (1994). *Emotional Intelligence: Why It Can Matter More Than IQ.* New York, NY: Bantam Books.

Granju, K. & Kennedy, B. (1999). Attachment Parenting: Instinctive Care for Your Baby and Young Child. New York, NY: Pocket Books.

Hart, A. (1992). *Stress and Your Child.* Dallas, TX: Word Publishing. Kabat-Zinn,

M. & J. (1997). *Everyday Blessings: The Inner Work of Mindful Parenting.* New York: Hyperion. Available http://postinstitute.com/store/ recommended-resources.html.

Karen, R. (1994). Becoming Attached: Unfolding the Mystery of the Infant- Mother Bond and Its Impact on Later Life. New York, NY: Warner Books, Inc.

Karr-Morse, R., & Wiley, M.S. (1997). Ghosts from the Nursery: Tracing the Roots of Violence. New York: Atlantic Monthly Press.

Kuchinskas, S. (2009*). The Chemistry of Connection.* Oakland, CA: New Harbinger Publications. Available http:// postinstitute.com/ store/recommended-resources.html.

Kuchinskas, S. & Post, B. (2011). Oxytocin Parenting: Womb

Through the Terrible Twos. Available www.chemistry
ofconnection.com.

Liedloff, J. (1986). *The Continuum Concept.* New York, NY:
Penguin Books. Post, B. (2009). *From Fear to Love: Parenting
Difficult Adopted Children.*
Palmyra, VA: POST Publishing. Available
www.postinstitute.com.

Post, B. (2009). *The Great Behavior Breakdown.* Palmyra, VA:
POST Publishing. Available www.postinstitute.com.

Post, B. & Forbes, H. (2006). Beyond Consequences, Logic, and
Control: A Love-Based Approach for Helping Children with
Severe Behaviors. Vol. 1. Boulder, CO

Post, B. (2009). Parenting Softly: From Infant to Two. Available
www.postinstitute.com.

Post, B. (2009). *How to End Lying Now!* (FREE e-Book).
Palmyra, VA: POST Publishing. Available www.
postinstitute.com.

Post, B. (2005). *Healing Adult Attachment Handbook* Vol.1.
Palmyra, VA: POST Publishing. Available www.
postinstitute.com.

Post, B. (2003). *For All Things a Season.* Palmyra, VA: POST
Publishing. Available www.postinstitute.com.

Post, B. (2009). How to Heal the Attachment Challenged, Angry
and Defiant Child: When Behavior Modification and
Consequences Don't Work (Workbook). Palmyra, VA: POST
Publishing. Available www.postinstitute.com.

Post, B. (2005). How to Heal the Attachment Challenged, Angry
and Defiant Child: When Behavior Modification and
Consequences Don't Work (CD). Palmyra, VA: POST
Publishing. Available www.postinstitute.com.

Post, B. (2009). Stress, Love & Your Baby's Developing Brain: Understanding How Your Parenting Approach Influences Your Baby's Brain Development From Prenatal to Two. (DVD). Available www.postinstitute.com.

Post, B. & Grantham, M.S., M. Ed. L.P.C. (2005). *Going Home: A Survival Toolkit for Parents.* Palmyra, VA: POST Publishing. Available www.postinstitute.com.

Post, B. Educating Children Today: Working with the Difficult Child in the Classroom (DVD). Palmyra, VA: POST Publishing. Available www.postinstitute.com.

Post, B. *Great Behavior Breakdown* (13 CD Audio Recording). Palmyra, VA: POST Publishing. Available www. postinstitute.com.

Post, B. *How to End Lying, Stealing and Defiance in Children* (DVD).
Palmyra, VA: POST Publishing. Available www.postinstitute.com.

Post, B. *IEP's and the Law: What Every Parent Needs to Know.* (CD Audio Recording). Palmyra, VA: POST Publishing. Available www.postinstitute.com.

Post, B. Adoption Subsidy and the Law: What Every Parent Needs to Know. (CD Audio Recording). Palmyra, VA: POST Publishing.
Available www.postinstitute.com.

Post, B. *Bryan Post for the Family Live Radio Show* (CD Audio Recording).
Palmyra, VA: POST Publishing. Available www.postinstitute.com.

Post, B. *Bryan Post's Adult Attachment Seminars* (CD Audio Recording).
Palmyra, VA: POST Publishing. Available www.postinstitute.com.

Post, B. & Gizane Indart, PsyD, LPC. Effective Strategies for Severe Behaviors in Adoptive and Foster Children (DVD) Palmyra, VA: POST Publishing. Available www.postinstitute.com.

Post, B. & Juli Alvarado, LPC. Understanding & Meeting the 9 Most Important Emotional Needs for Foster & Adopted Children (DVD) Palmyra, VA: POST Publishing. Available www.postinstitute.com.

Post, B. *Stress, Trauma, and the Secret Life of Your Child* (CD Audio Recording). Palmyra, VA: POST Publishing. Available www.postinstitute.com.

Post, B. *International Adoption Course Ages Birth to Five* (CD Audio Recording). Palmyra, VA: POST Publishing. Available www.postinstitute.com.

Post, B. *Holiday Peace: How to Turn Stressful Holiday Season into Peaceful Family Time* (e-Book and Audio Recording). Palmyra, VA: POST Publishing. Available Seasonally www.postinstitute.com.
Purvis, K. & Cross, D. (2007). *The Connected Child*. New York: McGraw Hill.
Available postinstitute.com/store/ recommended- resources.html.

Rosenberg, M. (2003). Nonviolent Communication: A Language of Life. Encinitas, CA: Puddle Dancer Press.

Sears, W. & Sears, M. (2001). The Attachment Parenting Book : A Commonsense Guide to Understanding and Nurturing your Baby. New York, NY: Little, Brown and Company.

Siegel, D.J. M.D. & Hartzell, M. (2003). Parenting From the Inside-Out: How a Deeper Self-Understanding Can Help You Raise Children Who Thrive. New York, NY: Jeremy P. Tarcher/ Putnam.

Siegel, D.J. M.D. (2008). *The Mindful Brain: The Neurobiology of Well-Being.* (CD Audio Recording). Boulder, CO: Sounds True Inc.

Siegel, D.J. M.D. (2008). *The Neurobiology of "We".* (CD Audio Recording) Boulder, CO: Sounds True Inc.

Siegel, D.J. M.D. (1999). The Deloping Mind: How Relationships and the Brain Interact to Shape Who We Are. New York, NY: Guilford Press.

Simon, R. & Roorda, R. (2007). In Their Parent's Voices: Reflections on Raising Transracial Adoptees. New York: Columbia University Press.

Tolle, E. (2005). A New Earth: Awakening Your Life's Purpose. New York: Plume

Aanvullende bronnen voor professionals:

Bowlby, J. (1988). *A Secure Base: Parent-Child Attachment and Healthy Human Development.* New York, NY: Basic Books.
Bowlby, J. (1980). *Attachment and Loss: Vol. 3 Loss: Sadness and Depression.* New York: Basic Books.

Bowlby, J. (1973). *Attachment and Loss: Vol. 2 Separation and Anger.* New York, NY: Basic Books.

Bowlby, J. (1969). *Attachment and Loss: Vol. 1 Attachment.* New York, NY: Basic Books.

Bremner, J. (2002). *Does Stress Damage the Brain: UnderstandingTrauma- Related Disorders From a Mind-Body Perspective.* New York, NY: W.W. Norton and Company.

Carnegie Corporation (1994). *Starting Points: Meeting the needs of our youngest children. The report of the Carnegie Task Force on meeting the needs of young children.* New York, NY: Carnegie Corporation of New York.

DeGangi, Georgia. (2000). *Pediatric Disorders of Regulation in Affect and Behavior.* New York, NY: Academic Press.

Frattaroli, E. (2001). *Healing the Soul in the Age of the Brain.* New York, NY: Penguin Books.

Greenspan, S., and Cunningham, A. (1993, August 22,). Where do violent kids come from? *Charlotte Observer,* reprinted in the *Washington Post.*
Janus, L. (1997). *Echoes from the Womb.* Livingston, NY: Jason Aronson. Justice, B., & Justice, R. (1990). *The Abusing Family.* New York, NY: Plenum
Press.

Kagan, J. (1994). Galen's Prophecy: Temperament in Human Nature. New York, NY: Basic Books.

Kandel, E. R. (1998). A new intellectual framework for psychiatry. *American Journal of Psychiatry, 155,* 457-469.
LeDoux, J. (1996). The Emotional Brain: The Mysterious Underpinnings of Emotional Life. New York, NY: Touchstone.
Levine, P.A. (1999). Healing Trauma: Restoring the Wisdom of the Body (Audio). Louisville, CO: Sounds True, Inc.

Levine, P.A. (1997). *Waking the Tiger, Healing Trauma.* Berkley, CA: North Atlantic Books.

Lipton, B. (2005). The Biology of Belief: Unleashing the Power of Consciousness, Matter, and Miracles. Santa Rosa, CA: Mountain of Love/Elite Books.

McEwen, B. S. (1992). Paradoxical effects of adrenal steroids on the brain: protection vs. degeneration. *Biological Psychiatry 31,* 177-99.

McEwen, B. (1999). Development of the cerebral cortex XIII: Stress and brain development—II. *Journal of the American Academy of Child and Adolescent Psychiatry, 38,* 101-103.

Montagu, A. (1986). Touching: The Human Significance of the Skin. New York, NY: Harper and Row.

National Center for Clinical Infant Programs (2005). *Diagnostic Classification of Mental Health and Developmental Disorders of Infancy and Early Childhood.* Arlington, VA: Zero to Three.

O'Brien, P (2008). *Unconditional Commitment: The Only Love that Matters to Teens* (DVD) Palmyra, VA: POST Publishing. Available www.postinstitute.com.

Perry, B. D. Neurodevelopmental aspects of childhood anxiety disorders: Neurobiological responses to threat. In C.C. Coffey & R. A. Brumback (Eds), *Textbook of Pediatric Neuropsychiatry.* Washington, D.C.: American Psychiatric Press.

Perry, B. D. (2002). Childhood experience and the expression of genetic potential: What childhood neglect tells us about nature and nurture. *Brain and Mind, 3,* 79-100.

Perry, B. D. (1997). Incubated in terror: Neurodevelopmental factors in the "cycle of violence." In J. Osofsky (Ed.), *Children in a Violent Society* (pp. 124-149). New York, NY: Guilford Press.
Perry, B. D. (1996). Maltreated Children: Experience, Brain Development, and the Next Generation. New York, NY: W. W. Norton.

Perry, B. D. (1996). Neurodevelopmental adaptations to violence: How children survive the intergenerational vortex of violence. *Violence and Childhood Trauma: Understanding and Responding to the Effects of Violence on Young Children*, Gund Foundation, Cleveland, OH.

Perry, B. D., Pollard, R.A., Blakely, T.L. Baker, W.L., & Vigilante, D. (1995). Childhood trauma, the neurobiology of adaptation, and "use- dependent" development of the brain: How states become traits. *Infant Mental Health Journal, 16* 271-291.

Perry, B. D. (Spring 1993). Neurodevelopment and the neurophysiology of trauma: Conceptual considerations for clinical work with maltreated children. *The Advisor, American Professional Society on the Abuse of Children, 6:1.*

Pert, C. B. (2004). *Your Body is Your Subconscious Mind* (Audio CD Recording). Boulder, CO: Sounds True, Inc.

Pert, C. B. (2004). Psychosomatic Wellness: Healing Your Bodymind (Audio CD Recording). Magic Bullets, Inc.
Pert, C. B. (1997). *Molecules of Emotion.* New York, NY: Touchstone. Post,
B.. Art of the Family–Centered Therapist: Fear and the Dance Between Therapist and Client (Audio CD Recording). Palmyra, VA: POST Publishing. Available www.postinstitute.com.

Post, B. *Creating Healing for the Attachment Challenged Adult* (DVD). Palmyra, VA: POST Publishing. Available www.postinstitute.com.

Post, B. Family Regulatory Therapy for the Attachment Challenged Adult, Child and Family (DVD). Palmyra, VA: POST Publishing.
Available www.postinstitute.com.

Ross, C. A. (2000). *The Trauma Model.* Richardson, TX: Manitou Communications.

Sapolsky, R.M. (1990). Stress in the wild. *Scientific American 262*, 116-23.

Schore, A.N. (1994). *Affect Regulation and the Origin of the Self.* Hillsdale, NJ: Lawrence Erlbaum Associates, Publishers.

Schore, A.N. (2003). Affect Regulation and the Repair of the Self. New York, NY: W.W. Norton.

Schore, A.N. (2003). Affect Regulation and Disorders of the Self. New York:
W.W. Norton.

Shapiro, F. & Forrest, M. (1998). EMDR: The Breakthrough Therapy for Overcoming Anxiety, Stress, and Trauma. New York, NY: Basic Books.

Siegel, D.J. M.D. (1995). Memory, trauma, and psychotherapy: A cognitive science view. *Journal of Psychotherapy Practice and Research, 4*, 93-122.

Siegel, D.J. M.D. (1999). The Developing Mind: How Relationships and the Brain Interact to Shape Who We Are. New York, NY: Guilford Press.

Smith, E., Clance, P., & Imes, S. (1998). *Touch in Psychotherapy: Theory, Research, and Practice.* New York, NY: The Guilford Press.

Sroufe, L.A. (1996). Emotional Development: The Organization of Emotional Life in the Early Years. Cambridge, UK: Cambridge University Press.

Sroufe, L.A. (1997). Psychopathology as an outcome of development.
Development and Psychopathology, 9, 251-268.

Valenstein, E. (1998). Blaming the Brain: The Truth about Drugs and Mental Health. New York, NY: The Free Press.

Praise for the book...

"This book takes the foundation of attachment theory and brings it alive in the face of the most challenging behaviours that parents may face when parenting children with early attachment disruption histories. Rather than focusing on behaviours, Post goes into the very root of the cause and gives parents simple and concise guidance on how to respond in a manner that will help reestablish secure attachment where it may once have been lost."

— Sir Richard Bowlby

"The Great Behavior Breakdown addresses the most difficult behaviors that parents can face. It gives parents an eye-opening and heart opening understanding of the causes of these behaviors, and a practical way to work with them that puts the focus on strengthening the relationship rather than trying to control the behavior. Like the best medicine, it addresses the root problems and not just the symptoms. We all love our children, but making that love real in the eye of the storm can be extremely challenging. This book will teach you about your own stress reactions, and how you can respond more effectively to your children from your own inner strength with compassionate understanding, rather than reacting out of your fear."

—Myla Kabat-Zinn, co-author of
Everyday Blessings: The Inner Work of Mindful Parenting

"Bryan's book provides insights, techniques and real world tools to help parents understand their child's trauma and stresses. The book is insightful and a must read for all parents."
— Bren Wolfe

"After reading the Great Behavior Breakdown, I found the ultimate tool for my toolbox. This book covers all the toughest behaviors and uses language that   is easy to understand. I have recommended it to numerous families and have received positive feedback about the ease of implementing these tools as well as how helpful it is to understand the stress underlying the behavior. This is one of the most helpful books I've read. I recommend it for any person involved with children; therapists, parents, and educators."
— Stacy G. York, LCSW

"This book is so powerful and has an immense value. It is an essential resource for all parents and professionals working with children and their families. Dr. Post's expertise is shared in such a way that can be understood by all. The most powerful aspect is that it assists parents to return to our most precious God-given gift — unconditional love. I greatly appreciate the empowerment provided to parents in assisting them to be the most important catalyst for change and healing with their children."
— Kimberly Erickson-Nichols, MS, APSW, LPC

"This book, this model, has changed my life and the lives of those around me. As I evolve more and more into a place of love and regulation, I feel the unlimited benefits of connection in my relationships and peace in my life. Thank you, Dr. Post, for your extraordinary courage to offer love in the midst of fear and pain.

— Lisa Boyles

I saw your DVD and changed my whole outlook on life. I began watching this as a Dad that was all but turning my back on the two older kids. I wanted them back but under many conditions. After watching your program, I lost all conditions and became very proactive in the return of these two children that we will be adopting.

—Dr Patrick Gilmer Citrus Springs, FL

COMMENTS ABOUT BRYAN POST FROM PARENTS AND PROFESSIONALS

Powerful, humbling, revolutionary, sensible, outstanding! Your theory is challenging on so many levels...my goal in life is to be able to fully embrace and integrate these principles. Everything in my being tells me this is the way to create harmony in my family. The challenge I face is overcoming the years of fear and traditional thinking about the intentions of my children.

— C. Ellis, CA

Thank you for your professionalism, your intuitiveness, and academic profoundness. I really appreciate the work you encourage us to do as couples. The concept of the parents creating the path for healing in our family makes so much sense and speaks to my heart.

— A. Turner, CA

What an eye opener! I have gone from tolerating my sons to really enjoying them. I would recommend your approach to everyone including educators. I am really learning a lot about myself, and my family.
— A. Allen, VA

Thank you for reinforcing what we've known all along in our hearts. We had lost our way and are on the right path again. I am certain we will continue to benefit from this enlightening information.
— K. Jones, WA

Bryan, your insight on parenting is 100% right on the money. It has allowed me to approach my child from an entirely new understanding of how to understand his needs and meet them from a place of emotional health, peace, and love.
— S. Kervin, VA

Fantastic Information! Thank you soooo much!! Hard work, but very eye opening. Simple ideas, but not easy to put into practice. I am learning how easy it is to get caught up in fear, and the importance of daily focus to integrate this new paradigm.
— O. Perry, OK

When I read all the challenges that people face raising children with trauma history I feel guilty getting frustrated with my 4-year-old's limited meltdowns! All of Dr. Post's work has been helpful to me as a parent as well as in my professional work. I certainly thought I knew a lot about raising children until I had my own. Thanks for everything you do to assist parents!
— Kelly J, VA

I have a caseload of 16 children right now; they have all come into foster care due to abuse and/or neglect, parental rights have been terminated, and they are free for adoption. Most of my 16 munchkins have some very, very challenging issues. I found out about Dr. Post's work through another source. I listened to some of his CDs and was hooked. I have recommended them to most of the foster parents who care for my kids. I very often see foster parents using interventions that just do not work. Unfortunately, this is very common, and very frustrating!! I am also in my last semester of school to earn a master's in counseling psychology, so I am interested in Dr. Post's work as both an adoption worker and counselor.

— CT, Stephenville TX

Hey Bryan, I have to tell you that I have referred countless struggling parents to your resources, especially the DVD series on healing the attachment challenged child. There is little/no training for adoptive families adopting internationally and while it would seem obvious that of course kids coming out of a war-torn country and living in extreme poverty/abuse would have stress-related behaviors, most parents are completely overwhelmed. 3 of our children were adopted from disruptions, and unfortunately that is very common as parents aren't aware of how their child's behaviors are triggering their own unresolved "stuff " and starting that negative feed-back loop rooted in fear. We've also had several teenagers live with us, runaways from group homes, kids in and out of treatment centers, etc. and again, your materials have been immensely helpful. I speak to stressed out foster/adoptive parents every day, occasionally at conferences, and I

am always referring them to your materials and they have all been blessed. We've also been able to share your materials with stressed out single moms living in poverty who need help dealing with their children's rage. I am on a task force here in Iowa called CRTEC which is the "Center to Restore Trafficked and Exploited Children" which is training up families to foster/adopt children rescued out of the sex industry both domestically and abroad. Again, your resources were the first I recommended for people to get a picture of the effect of trauma on the brain and behaviors. Thank you for what you are doing. Helping people get to the root instead of focusing on the rotten fruit is major. Seeing past behavior and into the frightened child within has helped countless families in our area come back from the brink of hopelessness and experience the peace and joy that families were designed to live in. Thank you!
—Love, Jenny G. Marion, IA

This single book is the most effective training book for adoptive and foster parents. I buy them by the boxes so each of my families can have a copy. Bryan does an incredible job of taking complex information and breaking it down for us to understand. I love that part of The Post Institute mission is to get this information in the hands of parents. They really understand that healing happens in the day to day relationship. I love you guys. Thank you for your work.
—S. Marshall, TFC Agency Director

Bryan goes beyond "Beyond Consequences, Logic and Control" by including strategies for more difficult behaviors. He continues to be a master at simplifying the complicated. The Great Behavior Breakdown is a user friendly guide for healing and life change. It is not for the faint of heart, that is, those who wish to hold onto their old paradigms. Experience how putting love into action heals relationships and extinguishes negative behaviors. Bryan's work is revolutionizing the way we need to parent our children.

— Ken Thom, MS, LPC

Trauma Informed Care Certification

With Bryan Post

8 Hours of Professional, Affordable, Convenient Trauma Informed Training

Teachers
Administrators
School Counselors
School Nurses
Therapists
Social Workers
Child Care Providers
Parents

POST INSTITUTE
Trauma Informed

Certified

www.traumainformedclassroom.com

Post
INSTITUTE

**If you Love this book,
you will Love Being a part of
The New Parenting LOVEolution**

The Best Value!!!!

www.newparentingLOVEolution.com

Use the Code **LOVE300** while it lasts and save
$300

The Great Behavior Breakdown Package

Over 12 hours of specific understanding and solutions. Over 30 of the most challenging behaviors covered.

With more than 20 years of experience in helping parents, help their children through these challenges, Bryan Post brings an understanding to these challenging behaviors that is not only helpful, but creates healing at the core level. The wounds of trauma can lend to behaviors that many do not understand.

You get: The Great Behavior Breakdown Book, The Great Behavior Breakdown e-book, The Great Behavior Breakdown Workbook, and 13 hours of digital audios addressing the most challenging behaviors identified by parents just like you.

Lying
Stealing
Defiance
Self-Mutilation School Issues
Public Behavior
Challenges Cruelty
to Animals
Sexualized
Behavior Hording
and Gorging
Defiance
And more
PLUS "The Four Greatest Parenting Techniques Ever"

www.postinstitute.com

Save $10 with the code HOPE

Connect with us at

www.postinstitute.com

About the Author

Bryan Post is one of the first adoptees to reach out to parents and professionals in helping them understand the heart of the adopted child.

As a teen he struggled with some of the same behaviors your child may struggle with. Bryan's parents were ordinary wonderful people. He confesses that "what they may have lacked in understanding my deeper emotional needs, they more than made up for with their unconditional love and emotional support."

He began his work in researching attachment and bonding, child development, neurology and the impact of trauma in his twenties, and courageously challenged the institutions who subscribed to punitive measures, forced connection, isolation, and medication as a means to control behavior. His work was shunned by many. Ironically, in the present his work is quoted by those same people.

For the past 20 years, Bryan has been researching child behavior and finding solutions for a small niche of kids "with whom nothing works". Over the past 20 years Bryan's love-based parenting has touched the lives of hundreds of thousands of families. It has always been part of his mission to put this knowledge in the hands of parents and to empower them to create healing in their role as family leader

Although he has accomplished many achievements and has been held in esteem by colleagues, if you talk with Bryan you'll find that his pride is his family and the relationships he has made along the way, along with the joy of having been gifted this message of love based parenting.

Follow The Post Institute on Facebook and catch "Big Poppa", Bryan Post, in his daily Post Daily Dose parenting tips.

About the Post Institute

The Post Institute was founded in 1999 by Bryan Post and Kristi Saul. The Post Institute has published over 100 books, DVDs, CDs, MP3s, Webinars, and articles on the topic of parenting children who have experienced pre-birth and early life trauma. The founders of the Post Institute are passionate about helping parents create healing from the wounds created by trauma, by providing parents an understanding of the impact of trauma and a proven effective, unique model of parenting. The Post Institute model of parenting has been put to the test by parents across the globe, as well as foster care agencies, adoption agencies, group homes, and treatment centers.

Bryan Post and Kristi Saul are unique in that they have chosen to not only teach and train parents and professionals, but they also have been in the trenches implementing the model of love based parenting in group home settings, therapeutic foster homes, and their own home. Their trauma informed model and understanding has been used by numerous agencies in training foster and adoptive parents as well as direct care staff in treatment settings. They understand the challenges of parenting traumatized children, not just from an intellectual perspective but also through firsthand experience.

The Post Institute continues to create unique opportunities for understanding and support for parents and professionals invested in the lives of children, through an online community, The New Parenting LOVEolution www.newparentingloveolution.com, personal family coaching, parenting groups, and professional training and consultation.

Made in the USA
Monee, IL
05 September 2023

42168604R00111